爱的生态学

弥合世间一切割裂与分离的新方法

Radical love

From Separation to Connection
with the Earth, Each Other,
and Ourselves

〔英〕萨提斯·库马尔
（Satish Kumar）/ 著

含章 / 译

中国出版集团
中译出版社

图书在版编目（CIP）数据

爱的生态学 / （英）萨提斯·库马尔
(Satish Kumar) 著；含章译 . -- 北京：中译出版社，
2024.3
书名原文：Radical Love：From Separation to
Connection with the Earth, Each Other, and
Ourselves

ISBN 978-7-5001-7614-5

Ⅰ.①爱… Ⅱ.①萨… ②含… Ⅲ.①生活方式—通
俗读物 Ⅳ.① C913.3-49

中国国家版本馆 CIP 数据核字（2023）第 218522 号

著作权合同登记号：图字 01-2023-4496

爱的生态学

AI DE SHENGTAI XUE

著　　者：［英］萨提斯·库马尔（Satish Kumar）
译　　者：含　章
策划编辑：王海宽
责任编辑：朱小兰
文字编辑：王海宽　朱　涵
营销编辑：任　格　苏　畅
出版发行：中译出版社
地　　址：北京市西城区新街口外大街 28 号 102 号楼 4 层
电　　话：（010）68002494（编辑部）
邮　　编：100088
电子邮箱：book@ctph.com.cn
网　　址：http://www.ctph.com.cn

印　　刷：北京中科印刷有限公司
经　　销：新华书店
规　　格：880 mm×1230 mm　1/32
印　　张：6
字　　数：100 千字
版　　次：2024 年 3 月第 1 版
印　　次：2024 年 3 月第 1 次印刷

ISBN 978-7-5001-7614-5　　　　　定价：69.00 元

一切思想、话语和行动

与爱交织

共成世间一切美好

致敬维诺巴·巴韦（Vinoba Bhave）

◆◆◆

萨提斯·库马尔在他的生活和教学中体现出了美而简的优雅。

迪帕克·乔普拉
美国健康研究院特别委员，《生命的七大精神法则》作者

◆◆◆

萨提斯·库马尔是一位杰出的、开创性的教育家……四十多年来，他一直激励着我。我很高兴，他强大而明净的精神在这本名为《爱的生态学》的书中永垂不朽。

乔安娜·梅西
生态哲学家，《用这5个故事改变世界》作者

◆◆◆

萨提斯·库马尔是深层生态学运动的圣人。

菲杰弗·卡普拉
《物理学之道》作者

◆◆◆

萨提斯·库马尔是我们最杰出的人类同胞之一，他的见解会让你思考你的生活，反思如何改变。很棒的一本书！

比尔·麦克基本
"350.org"创始人，《摇摇欲坠：人类文明将要自食其果吗？》作者

◆◆◆

在这个充斥奢侈的消费主义、孤独和异化的时代，库马尔所告诉我们的信息是一份提振人心的礼物，是一剂受欢迎的解毒剂。

大卫·铃木
遗传学家，作家，环保活动家

◆◆◆

萨提斯·库马尔是最令人信服的自然与和平倡导者之一。

伊莎贝拉·特里
《回归自然》作者

◆◆◆

萨提斯·库马尔应该参加长老委员会，让他真正的智慧引导我们走向乌托邦，他的道路向我们展示了这是可能的。

拉塞尔·布兰德
《从瘾君子到康复者》作者，喜剧演员

息止内心
安静下来
任由己身
随喜爱之事而去

——鲁米（Rumi）

序言

萨提斯·库马尔

危机时代的超越之爱

在危机之中选择更高维的道路，选择慈悲、勇气和爱的道路。

——阿米特·雷

引力与爱乃是现实的两个面向，也是我们这个珍贵星球和神奇宇宙的组织原则：引力主导物理性的外部世界，爱主导精神性的内部世界；引力支撑我们的物质存在，爱滋养我们的灵性存在；引力作用于我们的身体，爱作用于心灵、灵魂和意识；引力是关于可被测量的一切，爱则是关于可被想象的一切；引力支持物质，爱赋予物质意义。最终，是爱联结了一切。

爱，并不好定义，但每个人心里都明白它是什么。在我看来，爱是一切创造性积极关系的源泉。爱为亲情、友情、伙伴关系、社群凝聚力和同袍之情提供了坚实的根基，人类的一切慈悲、仁爱、关怀、教养与合作都诞生于爱。是爱，让人性中的谦卑、友善与和谐有了生长的机会。

爱的匮乏将导致战争、冲突、竞争、剥削、独裁，不仅压抑人类，也伤害自然。没有爱的地方，会产生好战思想、军备竞赛、社会动荡及种种争斗；没有爱的地方，会产生贫困、不平等、不公正、种族隔离、种姓歧视和阶级歧视。唯有爱，才能驱散阴霾，驱散那些狭隘的民族主义、卑劣的种族主义以及贬低人格的性别歧视所带来的阴影。在爱里，所有的分离与孤独都可以被融化；在爱里，所有的亲近与沟通都可以开始。爱，创造了联结与共情。

我发现无论遇到什么麻烦，爱都是唯一的解决方式；无论遇到什么问题，爱都是完美的答案。爱的疗愈能量可以治疗傲慢、贪婪、愤怒和恐惧的病症，治疗过度的自我以及焦虑、抑郁与挫败的疾苦。没有爱的人生，就像没有水的枯井、没有灵魂的躯体、没有意义的词句。生命的真正目的是爱，当我浸礼于爱，我的贪心就会转变为感恩；我的私欲就会转变为联结；我的魅力就会转变为优雅；我的贪迷与偏执就会转变为积极的奉献。

我这一生，曾经在无数人那里感受过无条件的、无限制的爱，我的身体、头脑和精神都被如此丰盛的爱滋养着。我的妻子琼已经陪伴了我五十年，她一直是爱的清泉。1971年，在伦敦特拉法加广场的圣马丁教堂的地下圣堂里，我们相遇相识；我对她一见钟情。当时我只是在欧洲进行短期访问，口袋里还装着返程票。遇见琼之后，我便退掉了返程票，放弃了在印度的生活，与她一同定居在伦敦。每天，我们一起阅读诗歌，一起编撰书籍，一起做园艺，一起烹饪，一起散步；和她在一起，爱已成为生活本身。

古往今来，所有伟大的导师和社会运动者都会倾向于一个共同的主题——爱。从佛陀到基督、从筏驮摩那到穆罕默德、从老子到孔子、从特蕾莎修女到马丁·路德·金、从甘地到纳尔逊·曼德拉，他们的教导都可以浓缩为一个字——爱。

爱不仅仅是一种宗教或灵性的理想，爱更是滋养人类想象力的源泉，世上所有伟大诗人与画家的灵感，都源自于爱。莎士比亚用他的 154 首十四行诗来探索爱之热情，并一次次在戏剧写作中不厌其烦地表达爱的恒久力量，从托尔斯泰到泰戈尔、从歌德到戈雅（Francisco de Goya）、从普希金到毕加索、从布莱克（William Blake）到波提切利、从鲁米到罗斯金（John Ruskin）；因"爱"而被激发灵感，点燃热情的作家、诗人和艺术家数不胜数，而这个名单还会不断增长。

无论是自然之爱、人性之爱，还是神性之爱，爱本身即是种子。有了它，文学与艺术之树才能蓬勃生长。无论在最好的时代，还是在最坏的时代，都是爱在哺育我们。而如今这个时代，人类正面临着巨大的生存危机，唯有爱，才能推动真正的改变。

* * *

2020 年将作为抵抗新冠疫情大流行的一年而被人类铭记。在这一年里，人们保持社交距离、忍受封锁，即使在阳光明媚、鲜花盛开、鸟儿甜蜜歌唱的时候也待在室内。我把那段隔离或自我隔离的时光当作一种祝福，当作一段精神上静修和反思的时间：我读鲁米和哈菲兹（Hafiz），读莎士比亚的十四行诗，读泰戈尔。我开始深入思考"隔离"这个词，以及它与大斋期的联系。我了解到，原来"隔离"一词最初是指耶稣基督在沙漠中禁食四十天的过程。

尽管我利用隔离期进行安静的冥思，但是看到这场前所未有的危机让那么多人陷入苦难，我还是心痛难忍。2020年，我已经83岁了，在过往的人生中我从未经历过如此剧烈而可怕的全球性危机，这场危机甚至比我经历过的战争还要糟糕。战争至少是由人类发起的，也可以由人类控制和终结，但新冠疫情大流行却是大自然的不可抗力，远远超出人类的可控范围。许多人相信我们可以通过科技征服自然，但大自然却通过一种病毒告诉我们，宣称要征服它的人类是多么傲慢。新冠疫情大流行毫不含糊地提醒我们，人类其实很脆弱。

人类征服自然的渴望源于一种"笃信"，人类相信人与自然是分离的、不相关的，并且人类享有一种优越的特权。这种二元思维导致我们无法直视当前的自然灾害，如森林火灾、洪水、全球变暖和瘟疫。我们自欺欺人地相信，一定可以通过科技手段来征服自然，让自然听命于人类。政府、企业家和科学家不去寻找新冠疫情大流行的根本原因，而是试图研发疫苗来避免这种疾病，疫苗固然是一个临时的解决方案，不过我们需要的是更明智的思考和行动，探寻更大的智慧。我们不止要用疫苗来减轻表面症状，更要解决疾病的深层次原因。

在回答"近几十年来人类的动物源性传染病为何不断增加？"这个问题时，劳拉·斯宾尼（Laura Spinney）说道："正是经济和政治的力量将病毒置于我们的生活中，大规模工业化农业导致数百万的小自耕农 (smallholder farmers) 被边缘化，他们不得不靠近那些尚未开垦的原始地区，比如森林，而森林中就有可能潜伏着携带病毒的蝙蝠等生物。"

如果我们要解决新冠疫情大流行的"起因"，而不仅仅是"表征"，我们就需要回归可再生的生态农业，回归以人为本的、在地的、低碳的和有机的耕作方法。食物不是商品，农业劳动也不应以经济利润为动力；农业劳动的目的是为人们提供健康的食物。农业劳动的终极目标是在不破坏土壤健康的情况下生产富含营养的食物，而以盈利为目的的农业会直接或间接地招致病毒肆虐！

要解决新冠疫情大流行背后的深层次原因，我们需要学会与自然和谐相处并遵守自然法则。人类与其他生灵一样，是大自然的一部分。因此，与自然和谐相处是我们这个时代的当务之急，也是全体人类必须从新冠疫情大流行中吸取的第一个教训。第二个教训则是人类要知道自己行为所导致的后果。近百年来，人类活动致使生物多样性减少；温室气体排放增加；气候变化加剧。由于人类活动，海洋被塑料污染；土壤被人造化学品毒害；热带雨林正以前所未有的速度消失。所有这些负面的人类活动都必将导致灾难性的后果，例如洪水、森林火灾和瘟疫。

现代文明给大自然带来了数不清的痛苦和破坏。如今我们正在自食其果。我们必须马上改变，建立新的模式。为了恢复人类的健康，我们必须恢复我们这个珍贵地球的健康。本质上，疗愈人类和疗愈自然是一回事。大自然通过新冠疫情大流行向我们发出了强烈的信息：我们需要竭尽所能来治愈地球。唯有积极的行动才能带来积极的结果——这就是因果业力的法则。

市场、货币和唯物主义的三位一体已经统治现代人的思想太久了。现在是时候放慢脚步，谦虚地倾听大自然和地球的声音了。我们需要用一种新的三位一体（土壤、心灵和社会的三位一体）来取代旧的三位一体。我们需要迎接一个生态的时代，一个属于爱的生态时代。

人类需要积极应对这场危机，并以此为契机重新设计我们的农业、经济和政治制度，改变我们的生活方式。我们需要学会尊重自然的野性，学会庆祝生命那美丽的丰富性和多样性。我们需要认识到人类是自然不可或缺的一部分，我们对自然所做的就是对我们自己所做的。我们都是相互联结、相互关联的。我们离不开彼此，我们是同一个地球社区和地球家庭的成员。

当这种世界观成为我们集体意识不可或缺的一部分，当我们对地球的热爱成为主流社会的组织原则时，我们就会有截然不同的核心价值观。我们将致力于提升人类福祉和地球健康，不再不惜一切代价地追求经济增长。诗人兼小说家本·奥克利（Ben Okri）写道："真正的悲剧是，假如人类渡过了这场瘟疫，却未能吸取足够的教训，未能做出更好的改变，那么所有这些死亡、所有这些苦难都将毫无意义。"

我们不能在这场大灾难之后又退回老路上去。其实在新冠疫情大流行之前，我们的社会已经陷入"贪婪病毒"的大流行之中。由于这种"贪婪病毒"，森林死亡了、湖泊和河流死亡了、物种死亡了；儿童死亡了、穷人死亡了、战争受害者死亡了、难民死亡了。"贪婪病毒"带来的后果只会是大规模的死亡和毁灭。

但是，危机也是机遇。在自然界的进化过程中曾出现过许许多多的危机，而生命的进化就是在漫长的地质年代中不断抗争的结果。或许，这场痛苦的灾难会催生一种新的意识——一种生命一体的意识，一种关爱与分享的意识，一种爱的意识。

我们已经看到了这种新意识所显化的一些奇迹：世界各地的医生和护士冒着生命危险，为新冠疫情大流行的受害者们进行治疗，他们是无私奉献的光辉榜样。在我居住的英国，数十万普通人申请成为国家医疗体系的志愿者，各个社区都有无数志愿者在照顾老弱病残。在世界各地，政府已暂停财政政策，优先帮助受灾的个人、社区、慈善机构和企业。团结慷慨和互助互惠的精神源源不断地涌现。人们从方方面面体验到了真切的归属感、深刻的感激和无条件的爱。

在抗疫过程中，许多仇恨被遗忘了。各国本着共赢精神展开合作，互帮互助，放下了竞争与较量。俄罗斯派出飞机将医疗物资运往意大利；中国对塞尔维亚伸出援手……倘若这些精神品质在非常时期可以被实践，那平时为什么就不能呢？如果我们能够一直这样合作，相亲相爱并尊重彼此，那么在正常时期，人类愚蠢的争斗也会大大减少。

除了这些人性的闪光，我们还看到了污染的减少和一些自然环境的恢复：在威尼斯的运河中出现了海豚，在孟买的上空有了晴朗的蓝天，碳排放量的减少让人和动物能够再次呼吸纯净的空气。既然非常时期能带来更清洁的环境，我们平时为何不多加注意呢？

我们敢不敢期待，在这场可怕的新冠疫情大流行过去之后，个人、社区和国家能学会彼此相爱，保护环境并建立新的世界秩序？正如印度作家阿伦达蒂·罗伊（Arundhati Roy）提醒我们的那样："从历史上看，瘟疫总是迫使人类与过去决裂，并重塑他们的世界。新冠疫情大流行也不例外，它也可以是此世人类前往新世界的传送门。"

这段经历会给予人类信心和勇气，来采取大胆行动维护自然和生物圈的健康。我们必须记住，我们正坐在大自然的树枝上，如果砍断这些树枝，跌落的就是我们自己。后疫情时代，我们应该共同行动起来，关爱地球和地球上的居民。

我知道障碍是存在的。一些公司、企业甚至政府，是现实状况中的既得利益者。社会和环保倡议者一直在努力提醒人们即将发生的危机，但常常无人听。四十多年来，我一直担任《复兴》（*Resurgence*）的编辑，这是一份在英国发行的双月刊杂志，内容涵盖环境问题、环保活动、哲学、艺术和道德生活。《复兴》的指导精神是爱，爱自己、爱人类、爱地球、爱自然。其中的文章以爱的精神为基础，帮助社会和环保主义者们放下忧虑和恐惧，将爱作为行动的内驱力，维护世间的美好和良善。行动是一段旅程，而非一个终点。

爱是我们灵性、想象力和生活方式的一种表达，爱也是美好生活和生态平衡的必要条件。我的朋友迪帕克·乔普拉（Deepak Chopra）曾经对我说，环境和自然是我们身体的延伸，空气是我们的呼吸，河流和水域是我们的生理循环。如果我们不爱护我们的"生态自我"（Ecological Self），那么我们就有灭绝的危险。无论如何，热爱我们的自然环境都是生存的必要条件。

* * *

感谢我的母亲安琪（Anchi），我的爱妻琼，感谢我的心灵导师圣雄甘地，感谢我的导师维诺巴·巴韦，感谢保护生态的伙伴们，感谢那些为地球复苏做出贡献的人们。从这些有爱的人那里，我已充分学习并接收了爱的丰盛。我的灵魂浸润在爱的清风里，完完全全地理解了他们的爱。

以下，就是我对这些教诲和体验的领悟与洞见。

亲爱的读者们，我谦卑地向你们奉上这本书，怀着所有的爱。

目　录

第一章　爱是一切

第二章　全世界的超越之爱

第三章　对自我和他人的超越之爱

第一章

爱是一切

爱不是羁绊，而是成就。

——歌德

♡1

爱的季风

纵使我拥有可以移山的完备信仰，但没了爱，

我也就什么都不是。

——哥林多前书 13:2

生命是爱的蓝图，爱是生命的庆典。爱既是方法，也是结论；既是旅途，也是终点；既是远方，也是当下。不必索取爱，因为爱一直都在。

爱渗入我们的生活日常，而非在某个特殊日子才闪现。每时每刻，我们与爱同在。每当万物苏醒，爱就使我们彼此联结，点亮生命的光。爱无止境，爱是恒久忍耐。人类总是被爱的神秘吸引；爱并不是为了什么，爱本身即是动力，爱不是逻辑，而是魔法，是诗，是欢愉。

神圣的爱是无条件的，没有轨则；允许自己随心而动

吧，真正的爱不必以完美为前提。爱上十全十美的人固然容易，但真实的爱也意味着接纳人性的不完美。爱里没有评判、抱怨和比较。也许你会疑惑，为什么有人会做出如此糟糕的事情来——那是因为他们从未被好好爱过。美国诗人奥登（W.H. Auden）曾说："若对他人施以恶，他们必报之以恶。"同理，若对他人施之以爱，他们也将以爱报之。让我们创造爱的季风，滋养万物生灵。唯有爱的行为，才能教会人们如何去爱。

"爱你的敌人"这句话并非耶稣随口一说，耶稣是真的相信爱能战胜一切，能化敌为友，因为爱从不计较过错。爱不适合虚弱的灵魂，爱需要忍辱的勇气，只有勇敢的灵魂才配得到爱。唱一首爱之歌吧，所有的忧虑和悲愁都会消散；活在爱的喜悦中吧，让爱供养你的生命。

爱意味着如实地接纳自我与他人，而不被期待、评判和疑虑扭曲。只要我们放下期待，爱便没有失望，爱意味着平静地接纳苦与甜、暗与亮、痛与乐。在我们将爱注入心灵的那一刻，妄念便化作愿力，二元对立也转化为合一，我们将超越个人的好恶，进入生命的美妙真相之中。当我们饮下爱的甘露，就会迎来一场转化，一如苏菲派诗人鲁米所写：

> 经由爱，苦涩转化为甜蜜
>
> 经由爱，赤铜转化为黄金
>
> 经由爱，渣滓转化为明净
>
> 经由爱，痛苦转化为疗愈

这正是爱的转化之力。进入爱，我们会见到神，因为神即是爱，爱即是神。爱是地球上最伟大的宗教，崇高而庄严。爱所在之处便是希望所在之处，所以去爱吧，心悦吧。

爱的旅程从何处开始？从我们自身开始。耶稣曾说，"爱你的邻人，如同爱你自己。"在这里，"你自己"是一个关键，爱人如爱己，他人不过只是你自我的延伸。爱自己并非自私，倘若你都不能自爱，又如何爱人，如何指望他人来爱你？

接受自己本来的样子，坦然做自己，如此才能爱他人，接受他人本来的样子。

心中有爱之人，不会在意他人的冒犯，也不会去冒犯他人。心中有爱之人，没有敌人。蜜蜂恋慕花朵，所以创造蜂蜜；人们爱恋彼此，所以创造快乐。爱是生命的真相，藉由爱，生命的意义得以涌现。

鲁米也说过："你的任务并非寻找爱，而是找到心中那些爱的障碍，找到那些你自己筑起的、对抗爱的心墙。"活着，就意味着去爱，而去爱，也意味着冒险。也许我们会受伤，也许我们得不到相应的回报。与其期待一个携爱之人，不如做一个有爱之人。当你成为有爱之人，必会遇见爱你之人。

爱让灵魂觉醒，爱滋润心灵，爱为人生带来快乐，爱是脑海中最美的诗歌。爱的灵药能够治愈一切创伤，无论愤怒或焦虑，恐惧或嗔恨。

爱自己、爱他人、爱自然，这三者是合一的。爱，就像呼吸一般自然。

爱拥抱一切，可以有多种表达形式，比如，语言学是学术之爱，哲学是智慧之爱，而公益慈善则是人性之爱。

我们在亲密关系中体验男女之爱。坠入爱河，拥抱爱人——多么美妙的体验。"我爱你"是最有力量、最美好的句子，我们每一天都应该去爱人，以及被爱。爱一人也等同爱苍生。爱是奇迹，创造生命，我们都是因爱诞生的孩子，没有原罪，只有原爱。

爱让我们超越理性、超越智慧、超越言语。诗人、艺术家和神秘主义者们体验着浪漫之爱的狂喜，而这种狂喜存在于肉身、情感、视觉和灵性的每一个层面。我们的心灵彼此相连，与自然相连、与人类相连，浪漫的诗歌与艺术不断歌颂这种联结。生命之爱的深沉超越了是非对错，到达一种宽厚、慷慨的至福之境。我们需要的只是爱，爱是万有，是全部。爱，是一切问题的答案。

♡2

众生安乐

如果你想教导真理，就一定要怀着爱来教导，

否则，你的教导或你本人都将被拒绝。

——甘地

只要我们打开心门，就可以让爱在社会、政治和生态这些领域中流动起来。圣雄甘地即是一个深刻的典范，他向世人展示了亲密之爱与广博之爱的关联；个人之爱与政治之爱的关联。他所用的方式是如此简单，仅仅表明"我献予你爱"便让人们明白了应该怎么做。

在爱这件事上，圣雄甘地是一位榜样。他认为爱渗透在我们生活的方方面面，任何人类活动都应该以爱为指引。爱也应该是每一位生命个体的组织原则，应该是整个社会的组织原则。甘地认为爱是没有疆界、没有障碍、没有限制、

没有条件的。他说："有爱之处，就有生命；有爱之处，就有光。"

爱是人际关系的基石，许多人都认可并提倡这一点，一切宗教与许多哲学流派也推崇这样的告诫——人必须把爱作为行为准则。圣雄甘地则更进一步认为，爱也应该是政治的方针和纲领，是经济决策和商业行为背后的动机。世俗的亲情与友情固然珍贵，但也不能止步于此。人们还需要信仰，需要在家庭、教堂和寺院中修习什么是爱，需要在政治和商业活动中实践爱。

人类的农业、教育、医药、艺术、手工等行业都应该脱胎于爱，或者说，这一切活动都应是爱的显化。老师教育学生的初心，并非为了教学生如何挣钱，而是因为喜爱学生，热爱教育的过程。学生最终能够丰衣足食，是爱的教育的必然结果。同理，医生行医是为了治病救人；农民种地是为了让人们吃饱饭；政治家进行政治活动是因为他们愿为人民服务；而商人们进行各种交易是为了满足不同人群的需求……总之，各行各业都需要正念的引导。

甘地发明了一个概念叫"众生安乐"（Sarvodaya，意为众生福祉、人人幸福），这个词具有多重含义，包括但不限于：人人都感到舒适自在，被爱与幸福所环绕，众生快乐、富足、和谐共生。

无论是功利主义的政治哲学，还是社会主义和资本主义，都认为人的生命高于一切，人类比陆地和海洋的一切动植物都更优越。因此，人类有充足的理由去控制、剥削万物，随意利用众生。人类中心主义违背了甘地的爱与非暴力哲学，违背了"众生安乐"的初心。甘地相信，万物生灵的价值不该被人类的实用主义所衡量，因为一切生命都有其本来价值。"众生安乐"的基本原则正是：尊重一切生命。

甘地拒绝了"最大的利益给多数的人"的功利主义哲学，他认为政治与经济政策应该是为所有人设计的，而不只是供养多数派。政治与哲学都必须尊重众生，而不以等级阶层来划分生命，这里的生命既包括人类，也包括其他生灵。农用化学品和塑料垃圾对江河湖海都造成了暴力的污染，人类工业排放的二氧化碳及其他引发温室效应的气体也在时刻污染着空气。看看我们的地球吧：森林被破坏、动物被残酷对待、土壤被除草剂和杀虫剂污染……一切的一切，无不彰显出人类对地球的爱是多么的匮乏。

当善良与仁慈减少，生物多样性也会随之衰减。"众生安乐"的整体性哲学有一个指导思想，就是坚持转化人类的态度和意识，转化人与自然的关系。我们的心念必须建立在生命的一体性之上，而不是将人类与其他生灵对立起来，陷入二元分裂之中。只有人类的内在发生了转变，人类的行为才能迎来转变。

根据进化学说，一切生命都是同源的，也就是说，海洋、森林和动物都是人类的祖先，而一切生命的建构都以这五种元素为根基：土壤（earth）、空气（air）、火（fire）水（water）和空间（space）。

"众生安乐"哲学超越了那个分离的叙事，拥抱了联结与合一的新叙事，承认我们本是同根生，来自同一个源头。我们从合一进化至多元，并非是从合一的整体堕落至分离与二元对立，是合一与多元互相成就。多元并非分裂，而是对万物一体的欢庆，一切形式的多元性都已包含在生命的万维网中。

那些将人类与自然剥离的心理机制，也同样将人类分裂成一个个孤立的群体，我们以种姓、阶级、国籍、政治、性别、种族、宗教、生活方式等名义将人们割裂开来，我们将某个群体的利益置于另一个群体之上，我们将人类的多样性变成了分离的，而这种分离最终只会导致竞争、冲突和战争。我们制定的政策符合某一群人的利益，却忽视了另一群人。国家与国家之间似乎总有利益冲突；阶级冲突导致阶级战争；工薪阶层的利益与管理层的利益也常常冲突……而这一切都是分离的、二元对立的思想所导致的恶果。

"众生安乐"思想是这样解释人与人之间的利益冲突的：人的意识因种种限制而变得狭隘。其实从宏大的维度来看，人类众生是一个生存共同体，而这个共同体就安住在"爱"里。人人心底都希望能够快乐健康，与周围的人、与整个世界保持和谐良好的关系。一旦我们拥有了爱的觉知，便可与他人分享幸福舒适的感受，我们会自然地关心彼此、关心地球，我们所设计的政策也会服务于众生，而非服务于特权。依照"众生安乐"的原则，我们也应该去爱那些持有不同意见的人。超越边际地去爱吧。比起炸弹和武器，爱能赢得更多人心，就像甘地教我们的那样——用爱去赢。

总说"众生"是否显得太宽泛了呢？政治决策应该从何处开始？甘地也回答了这个问题，他说："当我们获得政府拨款，制定政策的时候，我们首先应该问问受益者是谁？如果能够扶助弱者中的弱者、穷人中的穷人，那么这个决策便是利益众生的。"甘地反对经济学的"涓滴效应"，他认为应当立刻用行动终止社会的不公，停止对弱势群体的剥削，经济与政治决策都应该以公平为目的。

如何爱我们的地球？甘地提出了一个简单的判断方式：如果人类的活动产生了垃圾，污染了空气、水和土壤，给动物造成痛苦，那么这些行为便是对地球的背叛。人类应该学习谦逊，只从自然那里获取我们真正需要的东西，而非过度开采自然资源来满足我们的渴求、贪念、虚荣和欲望。甘地认为"地球可以满足每个人的需求，却无法满足任何人的贪欲"。我们不应该仅仅将自然视为经济资源，爱地球，意味着好好照顾它。

这不仅仅是一个崇高的理想，这也是一个极为实用的策略。那些剥离、分离、冲突和竞争的政策已被一次次证明是多么荒唐，它们只会带来困惑和苦恼，阻碍文明的建设与创造。那些诱导人类相互攻击的政策，诱导人类伤害自然的政策，也已被一遍遍地证明失败。甘地坚信爱的力量远比恐惧与惩罚的力量要强大，他希望，人类可以给爱一个机会。

爱的理想常常被视为灵性的理想，但在甘地看来，现实与灵性是一体的，并不存在冲突。环境问题、个人的不幸、社会撕裂、贫富差距、国际冲突、种族歧视以及其他种种问题，最终都能在"众生安乐"的思想中找到答案。

♡3
合一

体会到生命合一的人在万物生灵中看见他自己，

也在自己身上看见万物生灵。

——佛陀

"分离"是我们这个时代的主导叙事话语，首当其冲的是人与自然的分离。很多人以为自然是遥远的山川、河流、海洋、森林、动物、飞鸟，它们服务于人类的需求，却与人类的生活脱节。科技、工业和经济的目的也都是为了征服自然，使它为人类所用，自然只是相对于人类的需求乃至贪欲的一个客体。人类可以对自然为所欲为：砍伐雨林、过度捕捞、屠宰动物、毒害土壤、为了取乐而猎杀野生动物，等等。在这些人眼里，自然是没有灵魂、没有灵性、没有智慧、没有记忆的，自然只是无生命的机器。

但另一种叙事正在出现，这正是"合一"的叙事话语，在这个叙事里，我们都是地球共同体的成员。奥尔多·利奥波德（Aldo Leopold）称之为"生命共同体"（biotic community），即所有的生命形态，包括人类和动植物，都是由同样的生命元素支撑的。我们呼吸着同一个星球的空气，喝着这里的水，晒着这里的太阳，吃着土里长出的食物，我们怎么可以声称自己与自然是分离的，怎么可以自封为自然的主人？

原住民文化中，人们将大地比作母亲，将天空比作父亲，将飞禽走兽视为兄弟姐妹，一切生灵都是地球大家庭的成员，无论生活在地上的，飞翔在空中的，遨游在水中的，都是合一的，尽管它们有着千万种不同的形态和能力。这种多样性是生命之力的舞蹈，是对一合相①的欢庆，而我们人类也是大自然不可分离的一部分，地球则是我们的家。

关于分离的陈旧叙事已经影响了涉及人类的所有关系。人类以国家、宗教或种族的名义建立起狭隘的利己主义高墙，将民族与民族割裂、宗教与宗教割裂，美国与俄罗斯、印度

① "一合相"出自《金刚经》第三十品《一合理相分》："若世界实有者，即是一合相。"——译者注

与巴基斯坦、中国与日本，许多国家之间都有着难以放下的冲突。人们忘记了一个简单而基本的事实：在我们是美国人或俄罗斯人、以色列人或巴勒斯坦人、印度教徒或穆斯林、什叶派或逊尼派、天主教徒或基督教徒、黑人或白人之前，我们首先都是"人"，无论民族或宗教，我们的皮肤下都流着一样的血，而在量子层面，我们都是质子和光子。

人类的新叙事必然是多元文化的大爆发。我们的世界拥有如此多姿多彩的文化、民族、宗教和哲学，这是多么美妙的事啊！假如全球80亿人只用一种语言、宗教或政治体系，世界将变得多么无趣。多样性更能推动进化，其中也包括生物多样性、宗教与文化的多样性、政治与经济的多样性，就让千千万万的花朵自由绽放吧。地球是如此丰盛，有足够的资源供人们分享和庆祝。恐惧和争斗本就没有存在的必要，让我们用人类的共识来替代狭隘的民族主义，用合一来替代这种分离吧！让我们将自我的分离转换为多元，让我们超越分歧，展开对话吧！毕竟，地球只有一个，人类只有我们，未来只有　种。福斯特（E.M. Forster）曾说："唯有联结……才能展现人类之爱的高度，不再生活在碎片（分离）之中。"

我们可以选择将人与人的不同视为分离；也可选择将之视为对一合相的欢庆。我们可以选择将世界视为一个整体，一个万物相连的网；也可将其视作许多破碎个体的堆砌，而个体之间毫无连接，争斗不休。在美国生态神学家托马斯·贝里（Thomas Berry）看来："宇宙并非一堆客体的集合，而是主体之间的对话。"人类及一切生灵同属于伟大的生命之树！实际上，许多人已经厌倦了分离与争斗的意识，试图寻求并建立一个融合的世界（合一）。如今，世界范围内已经涌现出许多融合式建筑、融合式饮食、融合式时尚。我们可以在全世界的商店和餐厅里购买和品尝到相似的美食，无论纽约或德里、北京或柏林，这正是世界文化融合的一种体现。

我们要常常提醒自己一个简单的事实：战争、恐怖主义、气候变化、贫困以及人类的种种痼疾，其根源都在于人与自然的分离，在于人与人之间连接的断裂，我们只有从根本上解决这些生态与社会的不平衡，才能减轻贫穷的痛苦、战争的暴戾以及气候变化的灾难。对新叙事的拥抱需要我们转变视角，从人类中心主义的世界观转为生态主义的世界观，从利己到利众生，通过多元，寻找到合一。

合一冥想

左手代表我自己，右手代表世界。

我将双手合十，于是我与世界，合二为一。

我敬拜神圣的生命、神圣的地球、神圣的宇宙、神圣的气场。

我敬拜神圣的土壤、神圣的空气、神圣的火、神圣的水、神圣的空间。

我在自己身上看到一切存有，也在一切存有身上看到自己。

我是大宇宙中的小宇宙。

我由大地、空气、水火组成。

宇宙是我的国，地球是我的家，自然是我的民族，爱是我的宗教。

万物生灵都需要可呼吸的空气、流动的水、温暖的火、坚实的土壤。

因此，我们是相互联结、相互影响的，我们是共生的。

我们共享同一个源头。

一合相与多样性是一体两面。

我们彼此合作才能带来繁荣。

我赞颂合作、互惠和联结。

当分离终止，痛苦也会终止。

我要超越对与错，好与坏。

我敬拜生命的合一，我敬拜生命的多姿多彩。

我吸气，我呼气。

我微笑，我放松，我放下。

我放下所有期待、纠缠和焦虑。

我放下所有忧虑、恐惧和愤怒。

我放下小我。

我吸气，我呼气。

我微笑，我放松，我放下。

我很自在，我已然获得归属。我们都已获得归属。

4

多元化

我决定相信爱，因为恨是一个太过沉重的包袱。

——马丁·路德·金

轻轻地吸气，轻轻地呼气。当你吸气和呼气时，记住所人都在呼吸空气，全人类都在呼吸和分享同样的空气。并且不止我们人类，还有动物、植物、矿物，一切生命都由这样的气支撑着。让我们用心地、有觉知地呼吸吧，感受生命与宇宙的联结。别忘了，我们无时无刻不在呼吸这空气，一旦失去它便无法生存。所以，请尽情享受当下的呼吸吧。

让我们一边一起呼吸，一边冥想成千上万的生命形态。多元化是健康人格的关键，也是一种新文明和新模式的关键。多元化带来进化——遥想时间的起点，大爆炸发生之初，一切都只是混沌，先是气体，然后有了水。经过亿万年的进化，成千上万的物种诞生了，植物和动物、真菌和细菌。然而可悲的是，为了追求经济增长，人类遗忘了保护生物多样性的神圣职责。

于是我们也陷入困惑之中，我们的一切努力好像都只是为了经济增长，大部分人类也只是沦为经济增长的工具。大自然同样难以幸免，沦为供人类谋取利益的资源。当我们将自然视作经济资源，我们便只关心它所带来的利益和价值。我们把自然当作一部机器，机械地使用自然，认为它理应供人类生产和消费，它的价值也应该用金钱来衡量。人类牺牲掉原始生态与野生动物来获取经济利益，而这样做的后果是生物多样性的急剧减少。地球生态环境已在各个方面向人类发出警报。

所幸，"经济优先于生态"的工业文明思想只流行了一百多年，而我们的原住民兄弟姐妹们却已经与自然和谐共处了几千年。他们明白，自然并非谋利的工具，而是生命之源，地球既是神圣的供养，也是一个有机生命体，是万物生灵的家园。在我们的新叙事里，经济只是隶属于生态的一个子集。

我毫不怀疑"天赋人权"，但我们还需再进一步，我必须说，大自然也同样拥有权利。人类必须认识并承认人与自然之间是相互关联、相互依存、相互作用的。无论国家法律还是国际法律，都必须尊重自然的权利，并将保护自然写入法典。我们必须保护生态环境的多样性，抵抗单一文化中工业经济的大规模生产及大规模消费所带来的伤害。无论如何，法律必须承认自然与生态多样性的重要价值，并好好保护它。

我们要重新学会重视人类与地球的福祉，不再将经济增长、生产、消费、利润和金钱放在首位，充分认识到，以上这些仅仅是实现目标的工具。我们的终极目标应该是：建设和谐而多元的地球。

我们可以创造一种新的风潮和模式。当我们改变自己的动机和心念，一切也会随之改变。无论我们在做什么，我们都可以将之当作福利众生的行为，我们可以和这个星球创造出一种更和谐、更有爱的关系，我们可以和自然融为一体。我们可以改变原本物质主义、消费主义和利益驱动的世界观，进入一种整体性的世界观，创造丰盛之爱。

让我们创造一种新的经济体系，一种自然的经济，一种有爱的经济！

大自然是慷慨的，它从不浪费。没被吃掉的果子会回归土壤，继续滋养大地，这真是一个完美的循环啊！大自然是我们的老师，我们可以从它那里学到关于多元化的一切，大自然是我们的指引，我们所要做的只是去理解它的教导。

　　如果我们想创造一种全新的经济模式，想创造一种人与自然和谐共生的文明，那我们就必须创造一种以多元化为基准的教育。当我们在学校学习科学、数学、历史和地理时，我们也应该学习如何去爱，去爱自然与人性的丰盈，去爱这个世界的多样性，并从中学习慈悲，这才是生命中最重要之事。如同学习我们"从哪里来，要到哪里去"一样，我们应该从小就懂得欣赏这颗珍贵星球上的生物多样性和文化多样性。

♡5

爱的生态学

爱是鲜花，你得允许它生长。

——约翰·列侬

　　挪威哲学家阿恩·内斯（Arne Naess）将浅层生态学和深层生态学做了一个区分。浅层生态学也提倡珍惜自然，但这么做的前提是自然必须对人类"有用"。这仍然是一种人类中心主义的世界观，在这种观念中，人类是特殊的、优越的物种，自然界只为一个目的存在——满足人类的需求。根据浅层生态学，人类应该照料自然，照料自然中的动物、海洋、河流和森林，这样我们才能长期受益于自然。浅层生态学所追求的是人类未来的可持续发展，但很明显，它仅将自然视为"经济资源"。

　　深层生态学倡导自然有着不可或缺的价值，并非将之视为"经济资源"，而是"生命源泉"，树是好的，这不只在于树为我们提供氧气并吸收二氧化碳，给我们凉荫、果实和树林。树是本自具足的。和山海一样，树早在人类诞生以前就已经存在。我们怎能说人比自然更优越，而自然只是为人类而存在的呢？深层生态学不仅重新探讨人类的权利，也重新探讨自然的权利。故此，深层生态学将浅层生态学视为一种傲慢的人类沙文主义，人类以此为借口，自封万物之王。

爱的生态学在承认所有深层生态学主张的基础上，还添加了一个维度——自然是神圣的，人类应当培养一种感激自然的态度。

世界上所有宗教都有尊重自然的传统。比如，基督徒圣方济各（Saint Francis of Assisi）正是一位自然环境的保护者，在他的劝说与感化之下，古比奥（Gubbio）的狼学会了与人类友好相处。许多宗教团体都开始认识到种植树木、照顾土地、怀着慈悲心从事农耕和畜牧活动是一种神圣的职责；对自然保持慷慨与仁慈，也是一种信仰的责任。如果我们相信大自然是神的创造、神的礼物，又怎会漠视自然，不尊重自然，甚至破坏自然呢？

相信浅层生态学的人认为自然是无生命的，只有我们人类拥有思想、智慧和意识，但从"爱的生态学"这个角度看，自然也一样拥有思想、精神、灵魂和智慧。连一个苹果的种子都是有记忆的，它明明白白知道自己要长成什么样子。"存在或不存在"（To be or not to be）对于莎翁笔下的哈姆雷特来说是一个问题，但对于一个苹果种子来说却根本不是问题。种子不会为存在而迷惑，它清楚自我的本性，知道自己是谁，是什么，要成为什么。

　　当我还是个小男孩的时候，我母亲就教我尊敬树木。

　　"为什么，母亲？"我问。

　　"树木是我们的老师，也是世间最伟大的导师。"她回答，"甚至比佛陀都伟大。"

　　"母亲，这怎么可能呢？"我回应道，"佛陀才是最伟大的导师啊，没有谁比他更伟大了。"

　　"我的孩子，想想佛陀是在哪里证悟的吧——正好是在一棵树下呀！现在的人无法开悟，可能因为太少坐在树底下了吧。当年佛陀在树下打坐的时候，他领悟了宇宙的和谐秩序。阳光雨露，在树的世界里都是恩赐，无二无别。树木从土壤中吸收养分，并将它们转化为果实，果实又喂养了人类、鸟类、蜜蜂。一切现象都是相互关联、相互依存的，我们之间是联结的。佛陀从树木那里悟到了一切。"

明白万物相连的这一刻，这个星球就成了我们的家园。天空飞翔的鸟儿是我们的亲属，森林里的鹿和兔子是我们的兄弟姐妹，就连老虎和大象、蛇与蚯蚓也是我们地球家庭的成员。若没了蚯蚓，我们的餐桌上就不可能有食物，蚯蚓夜以继日地工作，没有假期，没有工资，让我们也为蚯蚓祈福吧。通过研究蚯蚓，达尔文建立了他的进化论，让我们都感谢蚯蚓吧，它教会我们如此之多。每一个感恩的当下，"爱的生态学"都会诞生。

在浅层生态学看来，人与自然是分离的，而在"爱的生态学"里，人与自然融为一体，我们都是由土壤、空气、火、水和空间所组成，宇宙万物都在我们体内。若没了太阳与月亮，我们什么都不是，我们每个人都是一个大宇宙中的小宇宙，在"爱的生态学"里，人一旦意识到生命那宽广的一合相，所有狭隘卑琐的分裂感也就消失了。在"爱的生态学"里，我们都是地球共同体的成员，是家人。有了这样的觉知，我们就可以从分离与撕裂的重负中解脱出来，我们就从个人中心主义进入了生态中心主义，完成整个世界观的转化——经由这样的道路，我们触摸到神明的意识。

科学家史蒂芬·霍金在《时间简史》的总结里说，"我们人类总有一天会明白神的意识"。其实，只要拥有"爱的生态学"，我们每个瞬间都能明白神的意识，因为宇宙中神是无处不在的，神即是宇宙的意识，我们只需要打开自己的意识，知道每个人都是一个小宇宙。宇宙在我们体内，我们也在宇宙之中。"爱的生态学"致使我们在这颗美丽的星球上、在这个奇妙的宇宙中安享舒适自在。

6

爱的三位一体

不要拘泥于单一视角和肤浅表象。

——威廉·布莱克

全然的转化与整体的和谐会显化为一种圆觉之爱。生命的存在是一种多维的现实，而非单一维度中的视角。新时代的美好生活意味着三位一体的爱，即土壤（soil）——对世界的爱，心灵（soul）——对自己的爱，社会（society）——对他人的爱。

在《薄伽梵歌》（*Bhagavad Gita*）里，至尊主克里希那（Lord Krishna）对勇士阿周那（Arjuna）说，一个人在生命之初便存在于三个维度之中：自然维度、灵魂维度以及社会维度。五元素（土壤、空气、火、水和空间）是宇宙给予一切生命的礼物。生而为人，我们需要呼吸和饮水才能存活，我们通过耕种来供养自身的生命，我们用火来烹饪食物和取暖，我们在空间中生长。地球的经济学是一种给予的经济学，是以互惠互助为基础的。它不是唯利是图的经济学，也不会产生垃圾、污染和不平等，我们有责任维护元素的纯粹，维护它们的健康秩序，并在不加任何破坏的前提下，适当做出补充。在梵语中，这种意识被称为"yagna"。

我们自出生起就被赐予感官、智慧和灵魂，是它们构成了"自我"的存在。正如我们需要维持宇宙元素的纯净和真诚，我们也需要维持身心灵的纯净、真诚和健康，面对生活的磨难，我们常常会感到精疲力尽、紧张、焦虑，甚至绝望，所以我们有责任寻找补充元气、滋养灵魂、养育自我的方法和途径。这种自我关怀并非自私，而恰恰是我们能够关怀他人的前提条件，它在梵语中叫"tapas"，意思是"爱自己"或"灵魂之爱"。

我们并非生来就是被孤立的、被割裂的个体。我们有家，有左邻右舍，有生活的社群，有广阔的社会。同时我们也得到了许多天赐的礼物，比如食物、水、空气；大自然的温柔、想象力、良心、记忆和智慧。这些天赐的礼物包含了文化、建筑、文学、哲学、宗教、艺术、手工艺，等等。我们从前人那里汲取经验，也不断创造经验。我们接纳来自他人的馈赠，也回报以同等的馈赠，我们奉献自己的创造力、天赋和技能以丰富人类社会的文明。当我们承认彼此相连，彼此依存，这种"无我"的觉悟便是梵文中的"dana"，它意味着超越种姓、阶级、宗教、种族和国家的圆觉之爱。

《薄伽梵歌》中有三种超越时空的原则，对应梵文中的"yagna""tapas""dana"。这三个在几千年前被创造出来的词，对于我们当下的时代同样具有重要的意义。我吸收了这三个原则，并用另外三个词来阐释它们：土壤、心灵和社会。

我们的社会鼓励专业细分，但是请记住这三个原则代表的是一体三面。有些人将全部身心奉献给大自然，保护自然环境，与自然对话，却并未获得足够的觉悟；有些人穷尽毕生精力追求灵性，做冥想和瑜伽的练习，阅读灵性文字，过着一种自我提升的生活，却忽略了自然环境的保护；有些人致力于推动社会公益、人权和经济平等，却轻视灵性的修习，并将灵性活动视为一种"自我沉溺"，也将与自然对话这件事当作脱离实际的举动。

或许我们应该先将固有的成见放到一边，看见《薄伽梵歌》中万物一体、相互依存的整体生命观。自然、灵性和神性是一个实相的三个维度，即使我们只关注其中一个维度，我们也需要注意到那些微妙而隐秘的连接：外与内、社会与灵性、自然与工业。

当我们与自然对话时，应该记住，自然并非什么"身外之物"，无论是关心人类还是关心野生动物，本质上都是在关心自然；同理，不管是维护自然的权利，还是维护人类的权利，或是为社会公益和经济增长做贡献，这三件事本质上是一回事。

自然与人类不仅仅是物质的存有。我们生活的地球，以及这个地球上所有的生灵都是鲜活的、复杂的机体，我们自身也是仁善、慷慨、人性和爱的体现。如果我们拥有良好的社会秩序、干净的环境，却没有了快乐、同情和爱，那人生又有什么意思呢？我们需要一个干净的环境、一个公正的社会秩序和欣欣向荣的个人生活，并且只有心中充满灵性与爱，我们才不会感到空虚。正如克里希那对阿周那所说的，自然、灵性和社会这三个维度本不存在破碎与分离，我们本来就安住于和谐的整体之中。

♡7

土

土壤是生命之间最好的连接，

也是一切生命的源泉和目的地。

——温德尔·贝里

　　土壤（soil）是地球上一切生命的源头，生命从泥土（soil）中来，也终将回归到泥土中去。我们关怀土地（soil），土地也关怀我们，并满足我们的一切需要。土地供给我们粮食、树木和水，土地养护着我们，也养护着我们的后代，而它却如此谦卑，一直匍匐在我们脚下。

　　土在拉丁语中也被称作"humus"，恰好与人类（human）一词同根。这是一种多么美妙的联系啊！人类的存有，本质上即是土地的存有，人类（human）必须尊重土地（humus），修习谦卑（humility）。你们看，谦卑一词与人类一词也是同根的，空气中的湿度和水让土壤得到滋养，所以同根的还有湿度（humidity）这个词；人类的谦卑让土地得到尊重。土地、人类、谦卑、湿度，这些词是多么富有意义啊。

工业文明将土地视为无生命的存在，所以人类用化肥来促进作物生长，这一点也体现了人类的傲慢——不懂得将土地当作活的生命来尊重。其实，越是在这样的时代，我们越应该好好赞美大地之母的神奇。

"文化"一词，也与土壤有关。根据《牛津英文词典》，直到18世纪末期，"culture"这个词都是指"一块被开垦的土地"或者说"开垦土地的行为"，从这个词又衍生出"农业"（agriculture）一词。由此可见，自然与文化从源头上就是无法分割的。文化的发展，必须以耕种土地和滋养自然为前提。到了19世纪和20世纪，"culture"一词不单意指"耕种土地"，也同时包含了音乐、诗歌、绘画与舞蹈的意象。文化是桥梁，连接着土壤与灵魂、大地与人类。

随着人类社会现代化、工业化和都市化的加剧，"文明"这个概念也就诞生了。"civil"和"civiling"最初的含义是"关于城市的"。住在城市里的人们开始管自己叫"文明的市民"。他们逐渐变得瞧不起农民、村民、农场劳工。在一些人眼里，土变成了"土气与肮脏"。而这种思想也导致人们远离依赖土地的生活，搬到城市中居住，那些留下来耕种土地以务农为生的人，则被认为是"不文明"的。

现代化的目标一直在将人们吸引到城市，让他们远离土地，在工厂、商店和写字楼里工作。城市居民自然也是需要食物的，但食物不再由传统农业提供，而是由工业化的流水线工厂来提供。农业被商业化，当代农业的生产方式已经改变了——只是利用重型机械和机器人来大规模生产单一作物，不再需要农民手工种植了，甚至连触摸土地的机会都没有了。农民的工作变成了照看机器，驾驶大型联合收割机和拖拉机，让机器人挤奶、宰猪、播种和收割作物。

在文化逐渐进化为文明的过程中，意想不到的结果出现了，农业开始完全依赖石油等矿物燃料。碳排放所造成的空气污染成为我们不得不面对的大问题，其中两到三成的碳排放都与工业化的种植方式有关，还有两到三成的碳排放与食物的运输、冷冻以及过期处理有关。

谁曾想到，我们的进步、发展和现代化竟会威胁到我们自身的生存呢？除了气候变化所带来的外界威胁，文明社会也在遭受内在的危机。我们生活在一个如此焦虑的时代，工作空洞乏味、生活虚妄诞漫，理想幻灭、罹患抑郁，自我在被解构后的重组中迷失。

这些外在与内在的危机，根源都在于人类与大地的分离。在现代文明的影响下，人们忘记了人与大地的联结。我们需要重新培养对土壤的爱，并认识到，我们自身从来都是土地不可分割的一部分。我们如何对待大地，就是如何对待自己，如果我们继续毒害土壤，我们的生命也将面临严重的后果。

转变并不难，我们可以从这一步做起：将我们的手伸入土壤，向土壤表达我们的感激与爱，感恩它的慷慨与丰盛，感谢它为我们身心带来的滋养。赞美土地就是赞美生命。土地厚德载物，美而智慧，当我们连接土地，我们便连接了宇宙。

♡8

种子

一颗种子身上无论发生什么，都会影响整个生命之网。

——范达娜·席娃

一颗种子就是一个奇迹。

一颗小小的苹果种子，却是一棵巨大苹果树的家。

看看这颗苹果种子。

它那么小，却蕴藏了一棵高大的树。

这棵树于此生长了五十多年，这棵树已然奉献了上千颗苹果。

每个苹果还有另外六颗种子。只一颗种子，我们就能创造一片果园！

种子是如此有力量。

一颗小种子是如何变成高大苹果树的呢？让我们来寻找

答案吧。

种子先要自行从树上脱落，我们再在把种子埋在好的土壤里。

一旦种下，我们便不会再见这颗种子。不必担心，土壤会好好守护这颗种子。

没有土壤，种子就不会变成苹果树。

几个月后，种子会长成小秧苗。

它是如此温柔，是一株小而美的植物。我们要有耐心和信任，等待它一点点生长。

我们要为它浇水。没有水，种子就不会变成苹果树。

感谢土壤和水，小秧苗开始变得苗壮。

它生出了枝干，又长出许多绿叶。

春天一来，枝头便会开出神奇的花朵。粉的、白的，美不胜收，仿若魔法。

蜜蜂绕着它们飞舞，嗡嗡授粉。没有蜜蜂就长不出苹果。

青涩的小果子从这些柔软的花儿中长出，像可爱的小婴儿。温暖的夏日阳光帮助他们成熟。

没有太阳就没有苹果，感恩太阳、土壤和水。

小苹果开始成熟，变得缤纷而芬芳，变得香甜多汁，变成了真正的苹果。

当秋天到来，苹果树已经准备好滋养生命了。

苹果树是如此仁慈，它怀着无尽的爱，将一颗颗苹果馈赠众生。

苹果树从来不问："你身上有钱吗？"

而是说："不管你是谁，吃个苹果吧！无论你是穷或富、少或老、黑或白，吃个苹果吧！"

苹果树从不歧视任何人，它怀有一种超越之爱。

阳光、土壤和水滋养了苹果树，苹果树又滋养人类、动物、鸟类和昆虫作为回馈。

苹果是来自宇宙的礼物，我们怀着感恩收下它。

苹果树理解生命的轮回：种子长成树，树又生出种子。

苹果树由大地创造，它也将叶子回馈给大地。

苹果种子有记忆，它知道如何长成一棵苹果树，不会长成梨或别的什么。

苹果树是完美的艺术。艺术家们喜欢画苹果树，人们喜欢为苹果树拍照，诗人们也纷纷写诗来赞颂苹果树。

科学家牛顿看见苹果从树上落下，发现了地心引力。

生命之树来自一颗谦逊的种子，佛陀也是坐在一棵树下证悟的。

没有种子便没有树，没有树便没有种子。

种子、太阳、土壤、水、蜜蜂在一棵天地之树中和谐共鸣。

种子是谦卑的，它躺在我们脚下的土壤中。

满心欢喜地长出几千颗苹果，哺育众生。

一颗种子就是一个奇迹。

♡9

水

水知道，没什么好着急的，

只要奔流向前，总有一天会到达目的地。

——艾伦·亚历山大·米尔恩

在印度中部的达姆河畔，离沃尔塔城（Wardha）不远的
地方，有我导师维诺巴·巴韦的修行地，我年轻时曾经造访
这里。那时的一个清晨，我和维诺巴一起漫步河畔，那是一
天中的至美时刻，清泉般智慧的话语从圣人口中倾泻而出。

"像水一样吧，我的朋友。"维诺巴说。

"如何才能像水一样？"我问。

"像水一样流动，你看，即使是平静的湖水，也是一直在
流动的。不过我最喜欢的水的形式是河流，它一直在奔流，
从不固定，从不停滞，从不纠缠。"

"我还要怎样才能像河一样？"我问。

"活在你的规则里，"维诺巴说，"河水在两岸之间才能奔流，因而是自由的。当你清楚自己的规则和底线，修习戒律，那么你也可以像河水一样享受自由。"

"我还能学到什么，从水那里？"我问。

"学会像水一样灵活吧，"维诺巴说，"你把水倒进瓶子里，它就是瓶子的形状；你把水倒进玻璃杯里，它就是杯子的形状。既然水能适应任何环境而不失自性，那么你也一样，在遵循天性的同时，与邻居、亲人和朋友和谐共处，不起冲突。水没有敌人，它滋养一切生命，为植物、动物和人类解渴，我们人类也应该像水一样滋养彼此，这便是我从水那里学到的，水因供养生命而鲜活。"

"所以你想说，我应该奉水为师？"我问。

"没错，这正是我想说的。"维诺巴感叹道。

"水是如此柔软，你可以喝它，可以用它来清洗眼睛，可以在里面游泳；水也非常强大，可以慢慢将水下尖锐的石头冲刷得光滑圆润。在经历更长的时间后，水甚至会将石头磨成砂。永远不要低估这种柔软的力量！水甚至可以扑灭大火。

所以，我要对你说，像水一样吧，我的朋友。"

我们在河边驻足，静默。

"水并非一个物件，"维诺巴终于再次开口，"水不只是一种资源，水更是生命之源，是神圣的。浪费水，污染水，都是对自然犯下的罪，我们应该好好地去爱水。"

我出生于印度的塔尔沙漠，它是印度最大的沙漠，也是世界第七大沙漠，一共有12万平方英里（约31万平方千米）那么大，其中60%在拉贾斯坦邦（Rajasthan）境内。我的童年就是在这样干燥的沙漠里度过的，如果一年能获得六周的降雨，那已经很幸运了。落在屋顶上的每一滴雨我们都不会浪费，我们将雨水储存在水缸里，以在干旱的日子使用，无论是喝水，还是做饭或洗澡。在我的整个成长过程中，水都是神圣而珍贵的。

那个河畔散步的清晨，我与维诺巴进行了深入的交流。我十分感激他的话语，这在我心中激起了深刻的共鸣。

维诺巴还讲起了一个故事，这个故事在印度已经家喻户晓，而我却是第一次听说。我们沿着河岸往回走，维诺巴向我讲述了甘地在尼赫鲁家做客的经历。当时是1942年，距离尼赫鲁先生当选为印度总理还有五年时间，尼赫鲁家族住在阿拉哈巴德城（Allahabad）中一座名为"欢喜宫"的庄园里。尽管那幢庄园虽然十分奢华，但却没有自来水。每天早晨，尼赫鲁都会拿一罐水和一个脸盆给甘地。某天，尼赫鲁左臂搭着一条毛巾，右手缓缓将罐里的水倒进脸盆。他一边倒水，一边和甘地讨论着他们的计划——如何号召大部分印度人来追随非暴力不合作运动，以终止英国的殖民统治。甘地正试图阐明，为何非暴力的榜样作用与虔诚信念最具说服力。

"对不起，巴布（bapu）①。"尼赫鲁打断了他的话，"您可以稍等一下吗？我再去拿些水过来。"

"我难道把水都用光了吗？"甘地问道，语气中夹杂着不安，"我不该分心的，应该专心洗漱，这些大事不是我走神的理由，我应该集中关注当下的，我应该用好这一罐水。"

"巴布，别往心里去，我知道你来自古吉拉特邦（Gujarat），在那种干燥的沙漠里水特别珍贵。但我们这根本不缺水，两条大河在阿拉哈巴德城交汇。我们甚至还有一条暗河，让我

---

① bapu，意为父亲，印度人尊称甘地为"巴布"，是人们对甘地的爱称，甘地也被誉为"印度国父"。

们的水井都满满的。"

"尼赫鲁啊，就算有三条大河流经你们的城市，我也没有浪费水的权利。我每天的份额，就是这一罐水。"

此时尼赫鲁注意到甘地眼中的泪水，震惊之余，也深受感动。他在那一刻意识到，甘地是一位真正的自律者。尼赫鲁说服甘地破一次例，容许他再拿半罐水来，好让甘地完成清洗。

"我知道，你觉得我有些刻意，"甘地说，"但我相信，地球上的资源可以满足每个人的需求，却无法满足任何人的贪欲，更别提浪费了。水尤其珍贵，因为水就是生命，水资源丰富并非我们随意浪费水的借口。我们不是正好在谈论非暴力运动吗？对于我来说，浪费就是暴力。"

我和维诺巴结束了在达姆河畔的散步，我感谢他和我分享这个故事，感谢这场智慧的探讨。他又一次走向河水，说道："水是我们的上师，是我们的生命。我们要学会珍爱水、尊重水，怀着感恩与谦卑来使用水。"

♡10

献给地球母亲的赞美诗

人们常说"希望我死了之后可以上天堂"，

但实际上，你出生时就已经来到天堂了。

——吉姆·洛弗尔，NASA 宇航员

1972 年 12 月

当我看见 NASA 的蓝色星球标志，便立刻爱上了这个灿烂的意象，通过这个意象，我再次爱上了地球。所以我写下这首赞美诗，献给地球母亲：

我在宇宙的海洋中

看到这颗珍贵的蓝色星球，它是宇宙中的一个奇迹。

在这极乐的刹那，我对自己说，

这是盖亚，

是我们的生命女神，

是地球母亲，我们的母亲，一切生灵的母亲。

这里是我们的家园，我们唯一的家园，

是所有人类、动物、山河、森林、海洋和亿万种生命形式的家园。

地球是可以自正自均、自给自足的。

这位母亲不仅能照顾好自己，还用食物、水、空气和温暖养育她的孩子们，为所有人提供衣物、住房、能源、艺术、手工和文化，从不歧视，从不评判。

我们人类有时候却不把她的仁慈当回事，我们就像顽劣的孩子，做出种种不尊重的举动：

我们污染水源，毒害土壤，弄脏空气；

我们浪费能源，无视地球资源的储备上限，甚至威胁地球母亲的生命；

我们制造冲突和战争，以宗教、政治体系、民族主义的名义或其他肤浅的、矫饰的借口。

地球母亲在过去的亿万年间努力工作，进化并创造出生物多样性、文化多样性和真理的多样性，但我们人类却将美丽的多样性变成了可恶的分离，并为了这些分离，争斗不止，相互厮杀。

这颗蓝色星球是如此优美动人，它提醒我们：应该超越那些虚伪的、肤浅的分裂，保护并守住生命这美妙的多样性，同时赞颂生命的一合相。

无论如何，我们都是地球家庭的一员。地球母亲一直在照顾我们，可我们照顾她了吗？地球母亲爱着我们，可我们爱她吗？

我深深爱着这个伟大的蓝色星球，它就像我的眼珠一样珍贵。

我要尽我所能去照顾地球母亲。

四元素冥想

地球是灵性导师，地球拥有耐心、宽恕与慷慨。

她不带任何歧视，不带评判地养育一切生命。

愿我向地球学习耐心、宽恕与慷慨，

愿我像地球一样对众生慈爱，

我向地球致敬。

空气是灵性导师。

空气支持我们生存，照顾我们的身心，赋予我们能量。

空气平等地供养众生，无论圣人或罪人、人或兽、蛇或蜘蛛、山林或猴子。

愿我向空气学习，支持、滋养并赋能所有的生命，不带歧视或评判。

我赞美空气。

火是灵性导师。

火为我们带来温暖的净化之力，带来能量和照明。

火来自太阳，火驱赶黑暗。

愿我成为灯火，照亮那些迷失在黑暗中的人，温暖那些心灵冰封，饱受苦楚的人，无论他们是谁。

我向火献上敬意。

水是灵性导师。

水可以比一朵花更柔软，比一块岩石更有力。

水可以解除焦渴，滋养众生。

无论他们的好坏、善恶，

无论他们是诗人或囚犯，贫人或富人。

水持续流动，越过一切阻碍，并通过流动来净化自身。

愿我像水一样解除众生的焦渴，无论值得或不值得。

愿我向水学习，变得温柔又强大。

我敬拜水。

第二章

全世界的超越之爱

爱不识藩篱。

——玛雅·安吉罗

11
生态世界观

我们忘记了如何做良善的客人，

忘记了如何像其他生灵那样

轻柔地在地球上行走。

——芭芭拉·沃德（Barbara Ward）

生态与经济本是一对双生子，这两个概念在英语中分别被写作"ecology"和"economy"，它们都源自希腊语的"oikos"，意思是"家"或"家庭"。"logos"意为"知识"，"nomos"则意为"管理"。因此，我们可以认为"生态"（ecology）一词是"关于家的知识"，而"经济"（economy）一词则是"对家的管理"。在古希腊哲学思想中，"oikos"是一个概括性的词，它既意味着聚集一家人的卧室、客厅和厨房；也意味着一个民族或国家；甚至意味着整个星球——神奇的动物、美丽的森林、巍峨的群山、壮阔的海洋，当然还有充满想象力与创造力的人类，这一切都属于我们的地球家庭。

当我们深入思考"经济"一词的根本含义，我们会意识到它隶属于"生态"一词，没有生态就没有经济。现代社会倡行无节制的生产、消费和逐利。自然（oikos 的另一种称呼），也被当成实现目标的工具，用来提升商业公司的利润，甚至人类也被商业公司称作"人力资源"。

在生态学的世界观里，生产和消费、金钱和利润，都仅仅是为终极目标服务的手段罢了，而我们的终极目标是人类的幸福，世界的和谐与公平。如果生产消费和经济增长伤害了自然、剥削了人类，那么这样的经济活动就应该被立刻终止。

生产和消费都是必要的，但站在生态世界观的角度，人们必须有节制地追求生产和消费，并且使用一种尊重自然平衡的方式。自然的经济学中没有垃圾和浪费。所以，我们的当务之急应是让人类的生产和消费不再制造垃圾，垃圾和浪费都是对地球生态环境的暴力。我们从自然那里获取的，理应归还给自然。那些不可降解的、不被土壤吸收的产品都不该被制造出来。

工业经济是一种线性经济。人类在地球上开采天然资源进行生产，最后又扔弃它们。这样做的结果就是土地、海洋和空气中堆积了大量的垃圾。我们应当用循环式的经济来替代这种线性经济。人类的一切消费品都应该以一种零浪费的方式进行生产，最后零污染地回归自然。

只要我们因循着自然的经济模式就不会产生污染。如果我们用生态主义的智慧思想来引导自己，我们就不会伤害地球。我们的地球家园是如此美丽而纯洁，我们却背叛了它，而我们自身也是我们背叛的受害者——我们呼吸着污染过的空气；喝着污染过的水；吃着受污染的土里长出的食物。

我的母亲曾教育我，凡是我们生产和消费的东西，都应当具有以下三种特征：首先，它是美的（beautiful），美是灵魂的给养，美能激发创造力和想象力，滋养我们的感官与心灵；其次，美的事物也应该是实用的（useful），美与实用性并无矛盾，外形与功能理应和谐统一；最后，美而实用的物品也应当是经久耐用的（durable），我们今日所生产和创造的东西必须有一个足够长的使用寿命，计划性淘汰或内置报废是一种对自然的暴力。经济学必须传授这个 BUD 原则——美好（beautiful），实用（useful），耐久（durable）。

当我们认真观察自然，学习它的生产过程时，便能学会 BUD 原则。比如树木，它们既是美观的，也拥有自然的平衡感。同时，树木对这世界有着巨大的实用贡献，它们吸收二氧化碳，提供氧气；为鸟类提供筑巢与栖息之所；为人类和动物提供食物。另外，树木还拥有漫长的寿命，一棵橡树或一棵紫衫可屹立千年之久。

在生态学的世界观里，我们不再仅仅以实用性来衡量自然界。我们意识到人类与其他生命是一个不可分割的整体，认识到一切生命的自性价值。拥护人类的权利，就是拥护自然的权利。

全世界的大学都开设经济学课程，教育年轻人如何管理地球这一家庭的财富。我曾被伦敦经济学院（London School of Economics）邀请共同探讨生态世界观。演讲之前我曾问过一些教授，是否开设了"生态世界观"这样的课程。他们告诉我，学校设有诸如"环境、政治与经济""气候变化与经济"

这样的课程，但并没有我所说的"生态世界观"课程。我提醒他们，环境与生态不是一回事，气候变化是人类有害经济行为所导致的一系列后果。因此，生态学研究应当鼓励学生多了解整个生态系统，多去理解和体验，明白不同形态的生命之间是如何关联的。

伦敦经济学院向世界各地的年轻领导者们教授经济管理的技巧和方法，可惜世界经济也并未在他们手上形成良好的秩序。伦敦经济学院不教授生态学，也就是说他们并不教导学生地球生态的本质是什么，他们只教年轻人如何去管理，却没能让他们明白要管理的对象是什么。这不仅仅是伦敦经济学院的问题，也是每个国家大学教育的问题。高等教育系统普遍缺少对生态的关注，人们忘记了"经济"一词的真正含义。

人们不断强调对金钱的管理，认为这就是经济学的全部，金融也只是为某个团体的利益服务，而非利益地球众生。

生态与经济相互融合，这本来是最基本的道理。因此，我鼓励伦敦经济学院拥抱生态世界观，成为"伦敦生态经济学院"（London School of Ecology and Economics），并清晰地向世界宣告，在学的所有学术研究都将把理解并妥善管理地球家园作为基础。如果伦敦经济学院能够大胆采纳这个建议，成为伦敦生态经济学院，那么其他大学也将重视这一点，意识到没有生态学的经济学是不完整的。就目前状况而言，全世界的学术机构几乎全都忽视了生态世界观，因此这些学术机构也成了这个地球众多问题的一部分。

12

爱的经济学

金钱和爱一样，会痛苦而缓慢地杀死那些侵占它的人，

却让乐善好施的人焕发生机与活力。

——哈利勒·纪伯伦

世人皆为金钱痴狂。也许除了那个世外小国不丹，全世界都笼罩在经济增长的欲望之下。人们对经济增长的崇拜甚至取代了信仰，成为某种共识。"经济增长"这位无形的帝王征服了世界。这场不断迈向更高经济目标的征途，终于为人类带来了前所未有、迫在眉睫的巨大挑战。

以美国为例，虽然长期以来它都是世界上最富有，最发达的国家，但它的经济增长却并未解决贫困、不平等、无家可归者和疾病等问题，而且美国也变得一年比一年暴戾——枪支犯罪和大规模枪击事件一次次震惊世界；滥用药物的情

况越来越严重。染上毒瘾的人群在增长；暴力、堕落和抑郁在这个全球最富有的国家蔓延。

美国是全球经济的开拓者，是拥有广袤国土和自然资源的经济大国。美国的情况已经严重至此，其他国家又能好到哪去呢？

一个显而易见的真相是，一味追求经济增长并不能终结贫困。经济增长是由短期利益和长期剥削所驱动的，经济增长无法消除贫困，因为新的贫困阶层总会不可避免地产生，最终被时代抛弃。"在经济增长的高速路上平稳行驶"只是一个幻象，我们要终止对地球和人类的长期伤害，就必须摆脱这个幻象。人类不可能进行无限制的经济开发，因为地球上的资源是有限的，总有一天人类会承认，我们已经开发得够多了。

人类应当寻求一种新的发展模式，将注意力从增长经济转移到增长幸福上去，创造一种"爱的经济"（Love Economy），重新与土地建立联结，再次感受到亲近土地所带来的快乐和温暖。在这种新的联结中，人人都能安居乐业，艺术与手工业也会逐渐复兴，全世界的社会问题会逐渐得到解决。到时候，现代工业之便捷只是锦上添花，而非本质，如同蛋糕上的糖霜。反观现今的社会，锦上添花的糖霜反被认为是蛋糕，而"工业糖精"只会让所有人都感到不幸。别再本末倒置了！

接纳"爱的经济学"的精英才会是明日领袖。他们将抓住新时代的领导契机，以新的理念为基础，扎根于土地和手工艺，不仅推动经济发展，更推动智慧、充实感和幸福感的提升。

以上才是应该被时代重新定义的发展标准，"爱的经济学"为人们提供无尽的机遇，让每个人在有意义的活动中成长和绽放，而不是为了一些用完即扔的消费品，从事毫无意义的工作。

家庭管理（Oikonamia）的一个真实含义，是"对美好的追求"。自然界自给自足的"经济"已经养育这个地球百万年了，然而在短短百年里，人类所定义的现代经济就已经榨干了大自然的恢复力和自愈力。

执迷于无限经济增长的国家正走在一条危险的路上，他们在追求不可能的妄想。反观过去一百多年，显然，单一的经济增长并不能让人们享用好的食物、好的衣裳和好的居住环境，更别提好的教育和幸福生活。

现在是时候放下对经济增长的执念了。消费主义所带来的负担是如此沉重，环境污染问题是如此严峻，若不立刻终止，地球只会走向毁灭。人类污染海洋、烧毁雨林、腐蚀土壤、摧毁生物多样性，用廉价的工资和恶劣的工作环境来压榨劳工。我们真的想要这样的经济增长吗？相比之下，自然本身的"经济"反而一直在欢庆一种周期循环的健康模式，在这种模式中，万物之间相互支持。

线性经济是毁灭性的，而周期循环式的经济则是可持续发展的、可再生的，我们要用根植于爱的经济来替代根植于金钱的经济。地球把自己的资源当作礼物送给众生，这一点就足以说明，自然的经济便是爱的经济。在更健康的经济模式中，金钱仅被视作交换的工具，而非衡量财富的尺度。我们应当以土壤和人类的健康，以创造力来衡量财富。

教育是"爱的经济"的缩影，教育的本心是让孩童学习、成长，变得心智成熟。同理，医药也应该是"爱的经济"，医生和护士医治病人，是因为他们受到使命的召唤来疗愈患者。

手工艺当然也是"爱的经济"，艺术家和工匠们充分热爱自己的创作，包括手作、音乐、舞蹈、诗歌、绘画和木工。如果一切产品和服务都带着爱，那这个世界就会有更多的美好和创造力，更多想象力和乐趣，更多幸福与和谐。

在以经济增长为主的模式中，生产和消费成了生命的意义，自然也仅仅被视为让利益最大化的工具，人类沦为操作金钱机器的工具；但在"爱的经济学"里，生产和消费仅仅是为终极目标服务的工具，这个终极目标正是人类的福祉和地球的福祉。我们这个时代的当务之急，是从追求金钱改为追求幸福，从"金钱的经济"转向"爱的经济"。

13
在地主义

被爱触动时，每个人都可能成为诗人。

——柏拉图

危机的时代也是机遇的时代，在这个右翼人群兴起的背景下，我们不如正好重新思考一下全球化和民族主义的内涵。比方说，脱欧主义者们宣称要把权力收回至英国本土，让英国人重新获得掌控权。同样，右翼的共和党人鼓吹"把美国放在首位"，期望"让美国再次伟大"。这些当然是口号，但我们别忘了，生活可不只是口号。

脱欧主义者们一方面想要离开欧盟，另一方面却又想要更多的全球化。他们想在整个世界从事贸易活动，在新西兰和澳大利亚、在亚洲和非洲、在美国，可大洲之间的货物运输又将消耗多少石油呢？跨洲的国际贸易对环境的影响又会有多大呢？最终得利的只会是那些全球化参与者、那些跨国集团和大企业。如此一来，富人更富，穷人更穷。全球化生产必将增强企业对世界廉价劳动力的依赖，让本地的失业率增加，狭隘的民族主义与利益全球化相结合，滋养了不平等、不可持续和不幸。

当下正是重新审视"在地主义"（localism）的时候，人们需要真正地夺回对生活的主导权以及对经济生活、社区和文化的主导权。这意味着人们必须停止目前这种毫无觉知地破坏自然的行为。

在地主义的爱，可推动本土的经济文化及特色。在地主义的背景下，普通人只要通过手工劳作来发挥创造力，便可得到尊重。商品经济在社会生活中依然占有一席之地，但不会失控，更不会主宰人们的生活。生活远不止商品和消费，生活中还有社群和文化、有美和可持续发展、有技能和假期，人们不仅仅是消费者，更是创造者。

在地主义的爱会推动自给自足的健康循环。人们种植并食用健康营养的有机食物、创造美好的住所和日常器物、发展艺术和手工业，并灵巧地运用科技。理想状态下，全球约60%的产品和服务来自当地，而来自国际贸易的产品应当控制在 15% 以下。人类只有回归自然的平衡时，才能真正拿回对经济的主导权。

十分重要的是，在地主义和国际化是相辅相成的。我们在思想上应该国际化，而非囿于在地主义，我们也可以管这种新的国际化思想叫"世界主义"。世界主义有别于仇外心理，并且也不是一种优越感。狭隘的民族主义诞生于狭隘的心胸和膨胀的自我；世界主义则代表了宽广的心胸和谦逊的自我。世界主义者尊重所有文化、所有民族、所有人种、所有信仰，我们世界主义者赞颂人类互帮互助的思想和行为，我们相信思想和艺术、音乐和诗歌、舞蹈和戏剧，以及科学和哲学的国际交流。

甘地谈论过经济与政治的去中心化，而去中心化就意味着在地主义。经济学家舒马赫（E.F. Schumacher）说过"小的，就是美好的"，他提倡将经济放在人性层面而非放在全球化层面。我们需要反复体会这些思想家的智慧，组织出一种全新的经济模式，以社会的公平、环境的可持续发展和灵性的充实为导向；以人类的想象力、技艺、创造力、自主性、灵性和爱为根基，其中最重要的就是爱。在地经济会给个人和社会带来福祉，而全球化经济为了百万分之一人口的利益最大化，却要牺牲社会的凝聚力、生态的融合与人类的创造力。

但我们不应该为此感到绝望，这不是属于悲观者的时代。悲观者不会积极采取行动，只有乐观者才能带来希望，促成改变。我们要乐观地往前走。哈维尔（Václav Have）曾说过："所谓希望，并非确信事情一定会变好，而是无论结果如何，始终相信做一件事情的意义。"

眼下正是建立在地经济的时候，美国诗人埃思黛斯（Clarissa Pinkola Estés）提醒我们："一艘大船停靠在港湾里自然是安全的，但这绝非它被创造的初衷。"大船注定要向大海深处航行，直面风暴，穿越风暴。我们也会像大船一样穿越右翼势力的风暴。目前的时代属于环保主义者、去中心化主义者、在地主义者、艺术家和乐观的活动家。我们能够站出来迎接挑战吗？我们能由下至上地推动在地主义运动吗？我们能推动自给自足的草根运动吗？我们能建立起爱的经济吗？大自然就是我们的榜样！自然是自给自足的，也是去中心化的，自然的经济正是在地化的经济，没有污染和浪费，没有焦虑和剥削。我们需要向大自然学习，创造朴门永续的经济，从污染和浪费中解脱出来，将环境正义与社会正义结合起来。

14
城市

在老旧建筑之上构筑新的创意。

——简·雅各布斯

那时，我在伦敦市中心的牛津街拜访一位老友。喝过一杯茶之后，他问我想不想参观他的花园。我大吃一惊，没想到在这些密集的办公楼、超市和商场中间居然还有个花园。我将信将疑地跟着这位朋友来到屋顶，眼前果真出现一座美妙的花园。天台上种满了香草、绿植、鲜花，甚至还有蜂巢，这让我感到十分惊喜。

我的朋友递给我一罐蜂蜜，告诉我这是从花园里采集的。"蜜蜂为植物授粉，还为我们提供甜美可口的治愈蜂蜜，"他自豪地说，"这发生在伦敦的市中心难道不是一个奇迹吗？"

这次屋顶花园的体验令我大受鼓舞，因为我从未在伦敦市中心的屋顶上见过如此繁华的花园，更别提蜂巢了。

　　人们都以为伦敦的市中心是钢筋混凝土丛林，若想拥有一个这样的花园，就必须远离市中心，搬到郊区或乡下去。但换个角度想想，如果我们将伦敦所有屋顶的面积加起来，包括居民楼的、办公楼的、中学的、大学的，那将是一个非常可观的种植面积。再大胆假设，如果全世界的城市屋顶都变成花园呢？我们就可以种植更多的蔬菜和浆果，为更多蜜蜂提供家园！

　　我的这位朋友，他懂得"company"这个词的真正含义。在拉丁文中，词根"com"是"一起"的意思，而"pane"则是"面包"的意思。当人们在一起分享面包时，便会成为伙伴（company）。所以，一家公司除了屋顶花园之外，最好再配有一个厨房，让大家可以随时品尝新鲜美味。

　　我在拜访某家公司的时候，会问那里的领导："你们是不是一个'company'？"答案一般是肯定的——是。

　　"我们当然是一家'company'！"对方说。

　　"那就让我看看你们的厨房吧。"我笑着催促道。

　　"你这是什么意思？我们又不是一家餐馆。"

"但你们既然是一家'company'，就应该一起分享美食啊，如果你们没有厨房，不烤面包，大家也不在一起分享面包，你怎么能说这是一家'company'呢？"

我解释一番后，看到人们恍然大悟的表情，颇感欣慰。我提醒他们，分享食物意味着更多的陪伴，这样生意中也会产生更多友谊和交流，分享的快乐也会让人们变得更好，更强。

进一步设想，除了天台上能开发种植的大量空间，城市里还有许多墙面也可以提供种植，它们可以被打造成一个个垂直花园。在一些城市中，生态意识超前的园丁们已经成功实现了在垂直花园上种植豌豆和胡萝卜这样的豆类和蔬菜，甚至还种上了各色鲜花。

在那些光照充足的城市，大量高楼的墙面都在期待着转化为垂直花园。除了产出蔬果和鲜花，高层建筑的垂直花园还可形成隔热屏障，成为抵御高温的天然空调。无论南方北方，屋顶花园和墙面垂直花园都可以为人类社会带来无穷的益处。它们可以吸收环境中的二氧化碳，缓解气候变化带来的影响。而且，如果我们能时不时地离开办公桌去照料玫瑰和迷迭香、百里香和西红柿，充分与土壤联结，摆脱科技的束缚，我们就会成为更理智、更健康的人类。

种花园不只是为了填饱肚子，这种行为也有益于我们整体的身、心、灵以及意识，具有疗愈作用。一个长期伏案工作的人，如果可以偶尔上屋顶花园劳作、转化土壤、照料堆肥，便能调剂身心、强健身体，再也不需要去健身房办会员卡，也不需要在跑步机上逼迫自己。屋顶花园和垂直花园带来的不仅仅是新奇感与视觉享受，他们也是城市居民们的健康必需品。

城市不该被视为可持续发展的阻力。如今，全世界有近一半的人口生活在城镇中。这些城市居民不会突然一下就喜欢上田园生活，他们需要慢慢走上可持续发展的道路，而这一点是完全可行的。

实现可持续发展的另一关键是太阳能的使用，我们可以在城市的屋顶花园安装太阳能板，让屋顶绿植与太阳能设备和谐共存。如此一来，我们就不必牺牲大量耕地面积来安置太阳能板，毕竟，向阳的肥沃土地应该被节省下来种植作物。

城市中的屋顶花园不仅可用来收集太阳能，还能用来收集雨水。通过屋顶装置采集到的雨水正好可以用于灌溉屋顶花园和垂直花园。不需消耗任何钞票和石油，天空中的云会为所有的屋顶带来雨水，雨水是大自然慷慨赐予的珍贵礼物，值得我们珍视、赞美，同时持续地收集、使用。

15

城乡一体

> 一群有思想，有奉献精神的公民能够改变世界。
> 永远不要怀疑这一点。实际上，这是一直在发生的事。
>
> ——玛格丽特·米德

如果我们爱我们的城市，我们就会设法让它们变得宜居、可持续、契合人性。一座城市的理想规模是不超过 200 万人，并保证任何一位市民都能步行抵达餐馆、图书馆、剧院和商店。城市周围应是乡郊，有农场、果园和村落环绕。我们需要这种和谐的城乡平衡，如此，才会有可持续的发展和可再生的未来。

中国香港是一个不错的例子，在那样一种消费主义的文化背景下，生态保护的理念也许显得格格不入。但事实上，作为跨国公司与全球金融中心的香港主岛，也仅仅是香港行政区 200 多个岛屿中的一个。整个香港的土地目前也仅开发了四分之一作为大约 800 万人口的居住地，而剩下的四分之三则包含了丘陵、森林、草地、田野和农场。在香港大约 400 平方英里（约 1 036 平方千米）的土地上，就有近 300 平方英里（约 777 平方千米）的土地是需要被保护和关怀的，要防止它们被工业化那不知餍足的胃口所吞噬。

所谓的"发展主义者"会将任何一寸土地都视为"待开垦的处女地"。好在香港和每个国际化大都市一样，有着保卫它的生态战士。这当中有几位是我的好友，他们在捍卫一些所谓"落后"的东西，并做出了完美的示范。他们用行动告诉人们，其实在高楼大厦、金融银行之外，还可以有一种经济模式，那便是"自然的经济"。这种自然经济模式的存在提醒着大家，自然资源不只是用来获利的手段，更是滋养生命的源泉。

目前，香港特别行政区的四分之一土地都被规划为公园或自然保护区，虽然很多人并不知道这一点。尽管建造高楼大厦的狂热曾席卷香港，大片的雨林都被砍伐了，但好在次生雨林已经长了出来，这值得我们重视并好好保护。

香港的嘉道理农场暨植物园（Kadoorie Farm and Botanic Garden）是自然保护运动的一个典范。我的好友安德鲁·麦哥利（Andrew McAulay）是嘉道理的领导者，带领着200多位员工共同管理着这里的350英亩（约1.4平方千米）的土地。他们怀着极大的热忱勤奋劳作，践行生态文化与林学，推广简朴生活、可续发展和灵性滋养这些生态理念。

除此之外，他们还为当地的学校开设生态教育课程，并欢迎全世界的访客来体验嘉道理农场。安德鲁的叔叔在20世纪50年代创办了嘉道理，旨在帮助贫苦农民实现自给自足。

安德鲁不仅仅是一位自然保护者，同时也是一位诗人和哲学家，他选择了一种服务于地球和人类的生命，通过不懈的努力来推动、保护并提升生物多样性以及人们的环境意识，创造了健康有机的饮食。安德鲁向我们展示了，即使在香港这样的经济中心，人们也可以在"养护自然、保护未来"这件事上成为榜样。

"若没了灵性，可持续发展就不可能圆满，"安德鲁说，"我们做生态保护并非出于恐惧，而是出于爱，我们爱自然、动植物、鸟和虫，我们爱天地万物。我们希望大家来拜访嘉道理农场，去体验大自然，了解生命的美和慷慨，了解生命的丰盛。当人们看见、嗅闻、品尝并触碰自然那灵动而迷人的质地，他们便遇见了这世界的奇妙、神秘和鲜活。"

嘉道理农场现已成为农业生态学、生态文化、自然耕种和有机农业的示范点，它将食物的生产与动植物保护相结合。

"我们所有人都需要食物，人不吃饭便无法生存。但讽刺的是，种植食物的人却常常被轻视，他们得到的尊重太少了，所以嘉道理农场的一个使命是，重塑农人的尊严。"安德鲁说。

他说得没错，现代社会的价值观和侧重点是如此扭曲，以至于我们的地球陷入了目前这种糟糕的状态。嘉道理农场不只是一个农业中心，也是一个教育中心。我很荣幸在那里教过一堂课，名叫"重新与我们的根源联结：灵性、文化和自然"。课程是在绿汇学苑进行的，绿汇学苑的前身是建于1899年的大埔警署，后来嘉道理农场与香港政府合作，将它改建为绿汇学苑，并把它当作一个推广永续生活、尊重并保护自然的试行点。

绿汇学苑坐落在一座山丘上，四周林木环绕，是一个充满宁静与祥和的绿洲。香港的居民喜欢到这里游览改造过的旧警署，欣赏老建筑的魅力，然后在"慧食堂"品尝原汁原味的有机食品。这家小餐馆的理念是鼓励人们学会烹饪应季的、本地产的健康食品，避免浪费，并摆脱对肉食的依赖。或许这些理念在今天来看不算陌生，但在当时的主流饮食文化下却是一种独特的创新。

在推广素食这件事上，慧食堂并不孤单，香港市中心还有一家提倡同样理念的餐厅，名叫"MANA!"，老板是鲍勃斯·盖亚（Bobsy Gaia）。从 2012 年到现在，鲍勃斯一直在引领香港的素食快餐风潮。尽管他一直在坚定地投入热情和努力，但最后也不得不承认，在香港运营生态友好的生意一点儿也不容易。

"香港人实在是太忙了，"鲍勃斯说，"我想为他们提供高品质的快餐。我想要证明普通人也可以享用材质新鲜的、零浪费的、有品质的素食。我们现在把所有的食物残渣都用来堆肥，每个月都能产生两吨堆肥，然后我们把这些堆肥送到生态农场去滋养土壤。我觉得浪费食物简直是对自然的犯罪，所以我们餐馆的口号是'用心品尝'。"

我在"MANA!"餐厅听他说这番话,想到这个世界是多么讽刺啊,饥饿的人排队等待救济,而在所谓的发达国家,40%的食物却要被浪费掉。住家、餐馆和超市,每天都在浪费和丢弃食物。为什么发达国家在善待食物这件事上如此低效呢?

"香港"一词的含义是"芳香的港口",鲍勃斯向我解释,"因为人们从前曾在这里出口檀香之类的木材,整个港口都散发着一种甜甜的香气,所以才叫香港。"如今,香港已经不再出口木材了,但依然还有各种蔬果香、花植香,我们为什么不保护好它们呢?

安德鲁与鲍勃斯这样的榜样,向人们完美示范了一种根植于爱的工作是什么样的,包括对自然的爱、对人类的爱、对地球的爱,爱是星球意识(planetary consciousness)的一部分。无论嘉道理还是"MANA!"餐厅,它们都在用自己的方式提醒我们,城市与乡村之间的和谐不仅是可行的,也是极为重要的。感谢安德鲁与鲍勃斯的榜样作用。

16

不丹

爱是美而简最纯粹、最深刻的表达。

爱就像风，看不见，却能感觉得到。

——萨提斯·库马尔

1992 年，不丹第四代国王吉格梅·辛格·旺楚克（Jigme Singue Wangchuck）访问纽约。记者问他，不丹的国民生产总值（Gross National Product，简称 GNP）是多少，他说不知道，但是他觉得国民幸福指数（Gross National Happiness，简称 GNH）更为重要。

这样一个灵光闪现的即兴回答打动了许多人的心，这件事一下就上了新闻头条。从那时开始，全世界的社会活动家、环保倡议者和经济学家们便开始探讨什么是国民幸福总值，甚至一些政府也开始将幸福和快乐作为指标。2011 年，联合国大会通过了一项决议，让国民幸福指数成为可持续发展中不可或缺的一部分，弥补国民生产总值和国内生产总值（Gross Domestic Product，简称 GDP）的不足。这说明，人们正在向着一种新的观念觉醒——从关注经济增长转为关注人的幸福和快乐。

2014 年，舒马赫学院与不丹的国民幸福中心携手开展了为期一年的"正确生活方式"项目，探索应用国民幸福指数的标准和经济模式。项目一部分在英国进行，一部分在不丹进行。我被邀请参与这个项目的授课，2015 年春天，我与妻子琼踏上了前往不丹的旅程，我们从印度新德里机场起飞在加德满都转机，前往不丹的帕罗机场。飞机飞越了喜马拉雅山的崇山峻岭，连绵的雪山美景令我心灵震颤。

帕罗机场是不丹唯一的机场，和传统的机场不同，它采用不丹的传统建筑风格来设计机场。我们的朋友，毕业于舒马赫学院的盖比·弗朗科（Gabby Franco）接待了我们，当时他已经作为志愿者在国民幸福中心工作一年多了。经过一小时的车程，我们来到不丹的首都廷布，住进了同样以不丹传统风格设计的酒店。

我们一次次感叹，那些以传统风格建造的住宅、酒店和办公楼是如此独特，如此富有当地特色，无论我们走到哪里，都能感受到是来到了不丹——来到了"这里"。

大部分的现代化城市都不会给我这种感觉，单调的高层写字楼和商品房是全世界共有的风景。无论在新德里，还是在纽约，我们都身处于高楼大厦的混凝土丛林。所以，当我被这些简约有格调，同时也绚丽多姿的不丹建筑包围时，我仿佛呼吸到了久违的新鲜空气。

彼时的不丹首相吉格梅·廷里（Jigme Thinley）是国民幸福指数方面的杰出代表。在我拜访不丹期间，他在家中举办了一次午餐会，邀请大家一起讨论国民幸福中心的发展模式。吉格梅·廷里的家坐落在一座小山上，小巧简朴，十分美丽，可以俯瞰整个廷布山谷。他是一位慈祥、谦逊、好客的主人。在场的除了我和我的妻子，还有前教育部长塔库尔·鲍德耶尔（Thakur Powdyel），以及国民幸福中心的创始成员山丹桑杜（Saamdu Chetri）。我们欢聚一堂，品尝美味的素食，纯粹地陪伴彼此，讨论着如何让世界变得更好。这次聚会让我反复回味。

吉格梅·廷里告诉我们，不丹的国民幸福有四项准则：

一、一切发展都应该以环境的可持续性和经济的公平为主。

二、一切人类行为必须以不损害生物多样性和自然栖息地为准。

三、国家不能以进步和现代化的名义摧毁不丹的传统文化和佛教价值观。

四、政策制度必须以良善、廉洁为政府的核心。

当然，这都是些美好的愿景，而现实就像吉格梅·廷里所说，不丹只是一个夹在两头经济巨兽之间的小国，北边的中国和南边的印度，都飞驰在发展经济的高速路上。吉格梅承认，"为了幸福，我们必须成为两个大国的朋友。"目前，不丹正面临着接受现代化和物质主义的巨大压力，并且随着互联网的普及和广告的增多，不丹的年轻人也开始渴望现代化，他们不愿被剥夺网络文化和传媒。种种压力之下，这个小国也陷入了巨大的困境——如何既保持古老的文化，又能在21世纪的现代世界生存下去。这也恰恰是"正确生活方式"的课堂上要讨论和探索的重要议题。"我们要谨记佛陀的教诲,"吉格梅·廷里说,"这些教诲一直在提醒着我们,快乐比成功重要。"

午餐时的一些谈话也因为某些议题而变得激烈起来,比如金钱问题,比如自主工作与被迫就业的不同。世上大部分人都在为了薪水而工作,必须服从老板制定的规则,受限于一家企业的条条框框,因此,也不太可能自主发挥主观能动性、想象力或创造力。一位雇员,通常只是官僚机器上的一个齿轮。

而自主工作则是职业与使命的结合体,在"正确生活方式"的理念中,人们可以热爱他们所做的事,做他们爱做的事。正确的生活方式一定是来自内在的召唤。金钱交易仅仅是一种手段,工作本身具有不可替代的价值。一份好的工作会给人带来愉悦的满足感,因为它植根于想象力、创造力、即兴的创作灵感和深刻的内涵,无论我们选择什么职业,无论是厨师或园丁、陶艺师或画师、设计师或舞者,他首先应该是一个创造者,一个诗人。英文中的"poetry"(诗歌)一词来自希腊语中的"poesis"（创造）一词。那么"autopoesis"就是自主创造的意思。照这个逻辑，我们用想象力和自主性来编排和创作的每一样物事都是诗，世间一切工作，本质上也都是创造之诗。

吃过午餐后，吉格梅·廷里带我们去参观他们家灿烂的大花园，花园里种满了树木鲜花、香草和蔬菜。一位政治家竟然这样为自家花园自豪，这太令我喜悦了。我把我的感受告诉他，他说："在政治工作中我需要使用头脑，而在花园里，我可以滋养我的心灵。灵活运用我的双手，让自己保持身心健康！"

1973 年，舒马赫曾写过一篇论文，叫《佛教国家中的经济》（*Economics in a Buddhist Country*），这是头一回有西方学者将佛教与经济这两个词放在一起，当人们问佛与经济有何关联时，舒马赫回答说："没有了佛教徒和伦理价值的经济，就好比没有香味的花朵，没有意义的词句。"

"正确生活方式"的理念，将伦理与工作相结合。国民幸福提倡自主工作而非被迫工作，因为只有通过正确的自主工作，一个人才能寻找到满足感和慈悲，才能明白爱是幸福的真正来源。拥有智慧的领导者、佛教的价值观和国民幸福目标的小国不丹，试图帮助人们找到一条自主工作的道路，避免陷入被迫工作的困境。

佛法实际上并非一种宗教，而是一种生活方式，通过修行、慈悲与爱来找到快乐。真正的幸福感并不来自政治的权势地位，也并不来自对金钱和物质的占有，真正的幸福感来自于爱。

不丹是世界上最小的国家之一，它安静低调地隐藏在喜马拉雅山中。住在这里，似乎能逃避这个时代的诸多苦痛。可事实上，这个小国正在现代化的世界里，万分艰难地维持着生态和灵性的平衡状态，以后也将面临无数挑战。但我们还是应该记住一点：现代工业社会是由人类建立的，最终也将由人类来调整和改变。

17

生态文明

胜人者有力，自胜者强。

——老子

中国近几十年经历了前所未有的经济发展，工业革命和消费革命以惊人的速度为中国带来了巨大的改变。工业快速发展，大量的农村人口向城市迁移，但同时也带来了空气、水和土壤的污染。

好在，中国人自古就有热爱并珍视自然的传统，现在也有许多人开始寻找应对环境问题的长期方案。中国的文化、艺术、诗歌、生活方式和信仰都深深扎根于"天人合一"的思想当中。然而这种与天地自然和谐共生的思想，正在被迅猛的经济发展冲击，心理与环境也逐渐产生一些问题，而这些问题也让他们开始重新审视自己的生活方式。2007 年，生态文明的新梦想、新希望在中国初露端倪，建设生态文明社会的创新理念成为第一步；随后，中国生态文明研究与促进会在北京成立；紧接着，中国又成立了一个专门的政府机构来推动生态文明建设的愿景和实践。

中国过去一代人的思想和行为受西方工业文明影响，执着于追求经济增长，但他们很快就意识到发展经济和保护生态之间的辩证关系，并且为了年轻的下一代也做出了相应的改变。年轻一代需要在可持续性和生态的新范式中获得教育和知识。因此，中国的很多大学都开设了相关的项目和课程，介绍生态文明的范畴和理念。我们看到了中国在政策、教育和学术等方向上对保护生态的行动，我也十分期待这些推动生态文明的行动的实际发生和应用，期待对生态的承诺在日常生活中实现。

2018 年我受邀到福建农林大学做客。我们讨论的核心问题很明确——如何才能使生态文明与经济繁荣相协调。当我思考这个普世问题所蕴含的挑战时，我开始考虑中国文化背景下的土壤、心灵和社会三位一体。

中国历史上最具文化影响力的三位人物是老子、佛陀和孔子，他们共同奠定了生态文明的基础。我们可以分别在土壤、心灵和社会的三位一体中阐述他们的教义。老子是一位自然哲学家，他告诉我们："人法地，地法天，天法道，道法自然。"老子的智慧植根于自然，我认为他代表着土地的声音。

佛陀代表了我们与灵性的完美统一，我称之为"心灵"。从佛陀的角度来看，生态不仅仅是外在结构的问题，它更应该具有爱和慈悲的内核。佛陀说："慈爱遍及十方世界，无有挂碍，无有仇恨，无有敌意。"

孔子要求我们对自己负起全部责任，他认为"仁"是极其重要的。他一次又一次地提醒人们，普遍的道德法则是建立在互惠和互助的基础上的，唯有遵守这些原则，才能达成社会的和谐。孔子代表着"社会"。

广泛的人类福祉（社会）连同地球的福祉（土壤）、个人精神（心灵），三者共同构成了生态文明的整体。

生态文明的理想与温铁军教授发起的新农村建设运动非常吻合。该运动积极地通过适当的土地利用、农业生态学、乡村手工艺和手工食品将中国经济与生态重新连接起来。我们讨论时，温教授提起习近平主席的话："绿水青山就是金山银山。良好生态环境既是自然财富，也是经济财富，关系经济社会发展潜力和后劲。我们要加快形成绿色发展方式，促进经济发展和环境保护双赢，构建经济与环境协同共进的地球家园。"

我问温教授，中国在生态文明建设与经济持续增长的追求之间是否存在矛盾？

"是的，有明显的矛盾，"温教授回答说，"但事情不可能一蹴而就。中国曾经面临严峻的贫困问题，那时，政府的首要任务是让所有人摆脱贫困。这一点已经实现了，现在我们可以开始改变方向。我们的主席曾说过，'宇宙中只有一个地球，人类只有一个家园，绿水青山就是金山银山'。我们中国人希望生态和经济之间是共生关系，生态文明的目标比可持续发展的目标更好。中华文明是一个古老的文明，它已经存在了五千年，我们要确保它至少再持续五千年甚至更长时间。"

我还有幸在北京见到了中国生态文明研究与促进会的副会长王春益先生。王先生说："我们最终的目标是建设美丽中国，习近平主席曾说过'人类对自然的伤害最终会伤及人类自己'，对此，他阐明'中国已成为全球生态文明建设的重要参与者、贡献者、引领者，主张加快构筑尊崇自然、绿色发展的生态体系，共建清洁美丽的世界。'如果我们把纯净的空气、干净的水、原生态的土壤和蓝天视为理所当然，那才是彻头彻尾的愚蠢。如果我们污染了空气、糟蹋了水、毒害了土壤，我们就是砍断了自己坐着的树枝，愚不可及。我希望所有国家团结起来，拥抱生态文明。"

他的话打动了我，但我也提醒道："保持空气、水和土壤的清洁需要的不仅仅是一项政策。我们还需要热爱空气、水和土壤。只有心中热爱才会去保护！这些资源不仅仅是公用事业，它们就是生命本身。热爱生命是爱的最高形式，唯有建立在爱之上的文明才能长存。"

我们看到了有缺点和短板的国家，但也看到了中国这样的新希望在萌芽。生态文明理念是中国大地上长出的新鲜绿芽，令人钦佩，可以作为全球的灵感之源。

18
和平

当我们坠入爱河，我们才是真正醒过来了。

——列夫·托尔斯泰

  托尔斯泰的《战争与和平》是一个关于爱和背叛、快乐和悲伤、奢华和堕落的故事，其中最重要的一点是，他清晰地控诉了战争的愚妄，强调了爱的至高无上以及和平的不可或缺。

  在战场经历过可怕的大屠杀之后，安德烈对皮埃尔说："战争是世上最大的恶行，人们的相遇只为了厮杀，他们大开杀戒，残忍地屠害了成千上万的生命，然后再向上帝忏悔罪行、祈求宽恕。上帝怎会倾听魔鬼的话语？那泯灭人性的魔鬼的话语！"

  多么坦率而又真实的话语！如果政客在竞选前认真的思

考一下这个问题就好了！认清战争即是地狱的现实，战争
只会带来灾难性的覆灭。我们应该鼓起勇气，摈弃战争，拒
绝将战争当作解决政治问题的手段——这正是托尔斯泰通过
《战争与和平》传递给我们的智慧。

　　当然，战争的各方都声称自己拥有更正义的理由，他们
声称是为宗教而战、为民主而战、为国家安全而战、为铲除
恐怖主义的威胁而战……但宗教、民主和安全却往往是战争
的最大受害者。无辜的平民除了陷入深深的恐惧，什么也做
不了，只能眼睁睁看着自己的住宅、学校、商店、医院、寺
庙和教堂被摧毁，数百万人因为战争变得一无所有，被迫离
开家园。那些战争发起者造就了这些人间惨剧，他们思想狭
隘、贪迷权力，只为满足他们的虚荣和傲慢。人们被迫成为
"难民"，寻求其他国家的庇护，但愿意接收难民的国家却少
之又少。对于一个国家来说，提供难民庇护意味着要提供食
物、工作、住处、教育和医疗，除此之外，当地人还要帮助
难民们融入当地社会，所以接纳几百万难民从来不是什么轻
松容易的事情。

　　战争造成了大量的难民，如果政府不希望难民出现，那

么从一开始就不该参与战争。一旦参战，任何国家都必须做好接收难民的准备，参与了战争却拒绝接收难民的政府是失职的，内战同理。即使那些不曾参战的国家，也该本着国际人道主义精神去救助和安置战争难民。哪个国家的军队导致了无辜平民的流离失所，那这个国家就更应该、更有义务去接收难民，支持他们的生活直至战乱结束，并让他们安全地返回故乡。曾卷入战争的国家也有义务去受灾地区协助当地人重建家园，包括重建被毁坏的住宅、医院、学校、商店和市政机构等。

政治家们应该扪心自问，当初为何要选择战争？有什么问题不能通过外交和谈判、慷慨和妥协来解决呢？相互理解、各自让步的可能性总是存在的，因为全人类都有一个共同利益，那就是不管彼此之间有多少分歧和差异，人们都渴望生活在一个和谐的、和平的环境中。因此，唯有超越狭隘自我、利益众生的大爱，才能治愈一切争斗、冲突和分离所带来的伤口。正如甘地所说："不存在通往和平的道路，和平本身就是道路。"

和平之路是由爱和非暴力原则铺就的，政府应当认识到，宣称"我们的暴力是好的，正义的；他们的暴力是坏的，非正义的"本身就是一个错误，非暴力与爱是普世的准则，我们应当做好将一切暴力最小化的准备，摒弃大规模的、有组织的暴力。

我认为政治家们也应该像医生一样进行希波克拉底宣誓，将"不可伤害"当作信条，并遵守黄金法则"己所不欲，勿施于人"。暴力只会招来暴力，而爱则带来爱，如果人们想要实现真正的和平、民主和自由，那么只能通过非暴力的手段来推动——高尚的结果应当用高尚的手段来追求。无论这将花费多少时间，我们都需保持耐心；无论面对的是内部斗争（如阶级斗争、内战）还是国际战争，我们都不可以暴制暴。要知道，只有当人类的智慧、沟通技巧、外交策略和想象力全面崩溃时，战争才会发生。

现代战争会对平民造成不可避免的伤害，大量学校、商店、医院和住宅也会被破坏，让无辜的平民成了难民，逼迫他们背井离乡，失去合法的公民身份，而具有至高法律效应的《日内瓦公约》已清楚表明：不参与战斗的平民不应该遭受死亡和毁灭。

马丁·路德·金说过："以眼还眼，只会让整个世界目盲。"我们向火堆添加更多的燃油并不能将大火扑灭。类似的话，基督说过、佛陀说过、穆罕默德也说过，但为什么长期以来，那些政治和军事领袖却忽略了这些智者的实用智慧！在大大小小的战争中，无论士兵还是平民都遭受了巨大的痛苦，这一点是无法掩盖的。历史已充分证明，战争毫无意义。一位独裁者倒下马上就会有另一位独裁者出现，取代前者的位置，变本加厉。人类的历史充斥着失败的战争与无意义的冲突。人类必须及时认识到：战争是野蛮的、不文明的、阻碍创造的。联合国安全理事会和联合国大会应该通过一项废除战争的决议，再建立一个世界理事会——专门用于解决各个国家之间的纠纷和冲突。

每一个家庭和学校都应该在孩子的心田播种爱与和平的种子。当我们停止滋养人心之中暴力的种子，它们就会枯萎，消失；当我们在每一位年轻人身上培养爱、和平与非暴力的种子，它们就会开花，结果。

我自己的经验是，这世上大部分人都是善良、友爱、和平与慷慨的。我曾在冷战最激烈的时期，用两年多时间进行了一次环游世界的"和平徒步"。徒步期间我身无分文，也不携带任何武器。在这长达 8 000 英里（约 12 875 千米）的徒步过程中，我并未看到人心之中存有丝毫与生俱来的仇恨，而真实的情况是，我更多时候都被那些偶遇的"陌生人"所感动，他们的巨大爱意与慷慨包围了我。

19
抗议、保护、建设

我们尚且无知，不必急着悲观。

——黑泽尔·亨德森

这世界上已经有许多人在用切实行动来推动转变，如果要给这些行动命名的话，我希望叫它"整体性环境运动"（holistic environmental movement）。"整体性"（holistic，或译作整全）的意思是，这是一场波及全球的运动。它致力于提升和保护自然环境、社会环境和灵性环境，让整体环境健康发展，减少污染。

如果一个生态系统不健康，那么社会也不会健康，生病的地球上长不出健康的人类。同样，如果社会缺少公平，那么生态也不会公平，因为如果还有很多人处在被压迫的、为生计而挣扎的状态，他们就不可能有才能、精力和机会去成为有觉知的健康生命。假如那些支撑我们灵性层面的价值，诸如对人类、对地球的爱缺失了，那么生态的可持续、社会的团结，也就只是肤浅的说辞而已。

因此，致力于整体性环保倡议的人必须在三个层面同时采取行动：我们抗议、我们保护和我们建设。

抗议

抗议是第一步，我们要抗议不公正的社会秩序，抗议那些摧毁脆弱生态网络和社会体系的邪恶势力。

古往今来，所有伟大的运动都采用抗议的方式来让人们注意到人类剥削自然所造成的不可持续状态，注意到弱势群体所受的压迫。时至今日，这种压迫仍然以阶级、种姓、种族、宗教、经济流动等名义继续着。近年来，运用到抗议方式的环境运动有"反抗灭绝"行动（Extinction Rebellion），还有格蕾塔·通贝里（Greta Thunberg）及几千名年轻人举行的"气候罢课"，社会方面的抗议有"黑人的命也重要"运动。我认为，一切平民的抗议活动都应该以非暴力的、和平的方式进行，历史证明，非暴力的抗议运动是颇有成效的，而且也将在未来带来巨大的转变，就像甘地领导的印度民族独立运动和马丁·路德·金领导的美国民权运动这两个非暴力的优秀案例一样，人们以和平的方式向社会的不平等发出了抗议。

保护

光有抗议当然是不够的，我们还得保护好现存的优秀文化和体系。好的文化和体系一般都具有良善、去中心化、可再生、可持续的特征，像本土文化、在地经济、人性化的生态农场，也都属于需要我们保护的文化和体系。同样，我们还应该保护生物多样性和文化多样性，保护美，保护大自然的纯真。

人类常常以发展的名义，轻易摧毁一些经历了岁月考验的社会传统。原生态的社群常被认为是落后甚至野蛮的，原生态的村庄和部落总是被迫接纳所谓的文明。在迅疾的城市化进程中，大量生机勃勃的村落被吞噬了；在快速工业化和机械化的过程中，艺术、手工业和乡村工业也被消灭了。如今，自给自足的小农场主们依然在生产着全世界 60%～70%

的食物，但他们却越来越被边缘化。追求快速全球化的后果是，地方经济的力量和话语权一再被剥夺。我们当然要抵制这种掠夺的趋势，反对密集型生产、浪费型消费、无节制碳排放，以及导致全球变暖的种种因素。我们要做的不仅仅是抗议，我们更要采取行动，让传统文化得到尊重、珍惜和保护。

建设

除了大力保护现存的传统文化，我们还需要建立去中心化的地方经济、可持续发展的小型生意、可再生农场项目，比如农业生态学和生态文化。我们也要建立全新的教育机构，创造新的项目来教育年轻人和老年人如何好好生活，并且不污染这个珍贵的地球，也不轻视所有生命的尊严和幸福。我们要建立具有环保能源系统的社区，包括风能、水能和太阳能。通过以上举动，我们可以让人们投入到一种根植于团结合作和互惠精神的生活方式中。这些举动一旦成功，也将带动更多人投入到这种建设性的活动之中，推动一种具有自然恢复力和疗愈力的可再生文化。

抗议、保护和建设是三位一体的，这个法则不局限于外在的转化，换言之，如果我们想要实现外在的转化，首先必须完成内在信念的转化，培养出灵性的环境。我们要拥抱非物质主义的价值观，支持利他主义，保护社群的团结与社会的和谐，并超越对声望、名气、认可、地位和权势的执着。

当我们投入到整体性环境运动中，经历抗议、保护和建设的过程，我们也将不可避免地经历一种深刻的、重要的灵性转化，这种内在转化意味着心念、态度、价值观、世界观和人生哲学的转变，并最终迎来整体意识的转化。外界的转化与内在的转化是同时发生的，就好比一枚硬币的两面！

我们的行动必须扎根于一种对生命尊严与一合相的深刻认知。在行动中我们要全然相信，一切生命都是神圣的。通过拥抱神圣的觉知，我们在众生心中培养慈悲与爱，培养简朴、谦逊和克制。我们自己便是转化本身，不断推动外在体系的转化，而个人的转变和体系的转变是相互支持的，这就好比一个人用两条腿走路。

整体性环境倡议超越了资本主义和社会主义都有的以人类为中心的局限性观念，整体性环境运动是以生命为中心的。

资本主义将金融资本和利润效益放在所有人类行为的中心，在资本主义中，人类沦为利益工具，自然变为经济资源。而在社会主义中，人类社会的利益高于自然环境。尽管民主的社会主义优于资本主义，但它依然属于"人类中心主义"的范畴。环境倡议者提倡社会的团结与公正，但是他们并不拘泥于某一种政治理念，他们认为社会的公正与地球环境的保护是相互融合的。整体性环境倡议提倡在地的、去中心化的、人类范围内的、多元的、由下至上的经济和政治策略。在环境倡议者看来，对生命质量的追求优先于对生产与消费数量的追求。以深度生态学的角度看，经济与政治都应该为地球母亲服务，因为地球母亲的权利就和人类幸福的权利一样不可或缺，而且两者之间本来就不冲突。

或许我们永远都不可能到达一个绝对完美的境界，不可能实现绝对的自然和谐与社会团结，个体也无法到达百分百的觉醒状态，但我们要朝着完美的平衡不断努力。转化是一生的旅程而非目的地，是一个过程而非现成品。转化是持续的，它是演变与进化的积极过程，而非一个确凿具象的固定状态。

♡20
行动

爱是来自奥秘的信使

给我们带来讯息的方式。

爱是母亲。

我们是她的孩子。

她在我们内在闪耀，

一会儿显现，一会儿消失，

当我们失去信心，

或者，感觉它开始再次生长。

——鲁米

纵观整个世界，诚挚的运动者们都在将自我奉献给一项重要的事业，那就是为地球的公平而努力。尽管他们争取了许多年，政商两界却不太理会他们的声音，这自然让人感到焦虑、失望，甚至消沉。我的一位好友，一位致力于反对使用塑料的环保人士曾写信向我倾诉，像他的一些伙伴那样，他似乎也陷入了某种绝望，被挫败和筋疲力尽的感觉包围。以下是他写给我的信，以及我给他的回信。

亲爱的萨提斯：

我最近十分沮丧，因为这个世界对于迫在眉睫的环境问题是如此无动于衷。人们为此大声疾呼，而政客们却只钟情于保住自己手上的权力。吉米·亨德里克斯（Jimi Hendrix）曾说过一句明智的话："只有当爱的力量胜过权势的力量，世人才会懂得什么是和平。"当我想到，终我一生都将目睹这世界沉陷于灾难之中，就会感觉特别挫败，感到内疚、无助。

为了让人们意识到一次性塑料的危害，我们已经做了太多努力，结果却收效甚微。英国政府只打算对原生塑料（Virgin Plastic）征收小额税，而且还要等到 2025 年！我们正在经历一场人类与民族的复兴，各国之间本该团结，而非争斗不休。如果一个国家还在压迫另一个国家，保护环境的法律又如何得到落实和支撑呢？要到什么时候，国与国之间的竞争关系才会变成合作关系？人类无节制的贪婪正在导致人类的堕落，也许只有遭遇了严重的气候灾难，人们才会警醒吧！可是对于我们这些有孩子的人来说，那样的一天会不会来得太晚？那些没孩子的人甚至会庆幸自己没有孩子！我们传给后代的将是一个多么糟糕的世界啊！现在连我们的下一代也开始担心起未来了，这难道是他们的错吗？

我知道，你的想法比我乐观得多，我也很佩服你这点。你相信人类可以自我调整，不过我却看不出什么改变的迹象。我认为做得还不错的是"反抗灭绝"运动，这些人确实一直在尽力阻止英国政府和企业对自然的暴行。我认为，为了环境保护牺牲一点个人自由是高尚之举，如果我当时在英国，肯定会去参加抗议。"反抗灭绝"运动者也被称作"妇女参政论者的变形"，他们或许能成功吧，但我悲观地认为，只有当严重的环境灾害发生，人们才会采取强有力的行动来支持环境保护。现在有越来越多的人害怕住在海边了，因为害怕海平面上涨和飓风的危险。

请分点你的乐观给我吧，我正好需要！

献上诚挚的爱

詹姆斯

亲爱的詹姆斯:

　　世界目前的状况令你产生的这些疑虑、沮丧和挫败感,我完全能够理解。各国政府在生态问题上的不作为和无能也让你感到无助。塑料污染的问题已经积累很长一段时间了,你为之焦虑也是正常的。但转变还需要时间,我也希望这个时间可以快一些,因为我们的星球已经被荼毒太久了。你的担心不无道理,塑料污染的问题,碳排放过度的问题,生物多样性锐减的问题都亟待解决,刻不容缓。

　　但是换个角度想,我们越是面临紧急的情况,越应该怀着巨大的耐心来采取行动,比方说,当一个剧院着了火,组织方就应该有序地安排人们撤离,否则,恐慌造成的踩踏只会引发更多伤亡。

　　无论如何,我们都要采取行动,而且必须怀着爱、热忱与使命感来行动,这样无论结果如何,这些行动本身就富有意义。行动也是我们唯一可以控制的事情,因为我们控制不了结果。最高境界的行动是不再担心结果如何,我们做一件事仅仅因为它是值得的。我们行动,并非出于对结果的贪婪。

　　实际上,行动与行动的结果并非相互分离的两件事。它们都只是某个过程的一部分，正如进食与缓解饥饿是一体的；喝水和解渴也是同一现实的两面，所以，生态平衡与寻找自然和人类的平衡也是一体的。世间并不存在绝对理想化的乌托邦，我们也不可能实现绝对的平静、绝对的安宁，以及永恒的爱。因此，我们所渴望的改变和我们用来推动改变的行为是相互融合的。如果我们的爱是无条件的、无限制的；那么我们的行动也必然是无条件的，无限制的。什么是爱的果实？爱本身。什么是行动的果实？更多的行动！坚持到底，有始有终的行动！去生活，便意味着去行动，我们要学会享受行动本身，并在其中获得满足感，这样就不会有失望和疲惫。积极的作为不是为了改变世界，积极的作为本身就是对世界的改变。

甘地说："你希望世界变成什么样子，你自己就应该变成什么样子。"（成为你想在世界上看到的改变。）我们的行动是从我们的存在中产生的，为和平、可持续和灵性而行动就是一种存在。

艺术活动也是同样的道理，一位艺术家不能也不愿意去控制结果。成败不由艺术家一手决定。从事艺术活动好比祈祷或冥想，真正的祈祷者从不索求任何东西，他只是付出真诚。艺术与行动类似于祈祷，我们一生的奉献是为艺术和人类服务的，而对人类和地球深沉的爱，造就了我们的行动和艺术灵感。艺术、行动和爱也会是人类永恒的生活方式。我们的努力是出于爱，而非出于对成功的欲望。成功是宇宙的礼物，如果它出现，我们当然应该高兴；如果它不出现，我们也不必刻意渴求。既然宇宙选择我们作为完成使命的渠道和媒介，那我们就应该感恩并行动，怀着谦卑，怀着全然的心灵自由。假如对成功的渴望束缚了我们，那我们将不幸成为结果的奴隶，变得不自由。

我们应当心无旁骛，将注意力集中在我们的行动上，只有这样我们才不会过度渴求结果，不会分心。

行动是一次旅程而非终点，通过我们高尚的行为，我们行动者自身也将获得改变，而这一点本身就具有伟大的价值。那么，就让我们从沮丧走向快乐吧！

即使耶稣和佛陀也无法在地球上建立起一个充满爱与慈悲的国度。你不会认为他们失败了吧？不！因为他们的生命与他们的教导本身就具有无上的价值。他们的言行如同灯塔，为这世上千千万万的人带去希望和灵感。就让我们像佛陀一样无私地行动吧，怀着爱与慈悲。

献上诚挚的爱

萨提斯

第三章

对自我和他人的超越之爱

世上有一个字，能够立刻让我们从人生的重负和痛苦中解脱，这个字，就是爱。

——索福克勒斯

21
爱的宣言

我的慷慨如海洋一般宽广，我的爱像海洋一样深，

我给予的爱越多，我得到的便越多，因为两者都是无限的。

——威廉·莎士比亚

我们的革命，是爱的革命。爱既是轨则，也是神奇的巧合。地球本身正是爱的化身，是我们的导师，我们可以向它学习爱的艺术。地球尽善尽美地爱着我们，作为回报，我们也应该学习如何好好地去爱地球。

我们应当坚定拒绝那些伤害地球的政策和行为，包括引起气候变暖、南北极冰盖融化、海平面上升的种种行为。我们要抵制那些损害地球的商业行为，如果我们因此受伤，那也应该无怨无悔———切努力都是为了这个星球，我们无所畏惧。

我们提倡简朴的、可持续的生活，比如广种树木、创建可再生农场。我们要食用健康的、本地的、有机的、富含营养的食物，我们要为全世界的小农场主和种植者们撑腰，我们要像匠人和艺术家那样生活，并支持全世界的手艺人。我们要拥护良善，抵制并驱赶邪恶，让所有美好之事兴旺蓬勃。

　　我们不能让绝望侵蚀我们的乐观，一个行动者首先必须是一个乐观主义者。悲观的行动者虽不如乐观的行动者更积极，但也有许多人在新闻媒体中为地球发声。我们需要怀着耐心与希望，在转化的旅程中奉献一生。是的，转化是一场旅程而非终点，它是一个漫长的过程，而非一个短期产品。我们可以相互鼓励：要为这个地球奉献自己，并像艺术家和行动者那样生活。我们属于这项事业，无坚不摧。至于那些基于污染、浪费、压榨、剥削、自私、贪婪的经济，我们应当齐心协力消灭它，无论作为政客还是诗人、企业家还是艺术家、消费者还是创作者，让我们手拉手，一起战胜污染的危险，避免气候灾害危机。

　　当我们为外在转化采取行动时，我们也要为内在转化做出努力。倘若我们的内在被贪婪、恐惧和欲望污染，我们便会制造出种种不满，以及消费主义和物质主义，污染自身及地球。外在现象与内在境界是现实的两个面向，外部的自然环境与我们的内心也是紧密相连的。

分裂与分离的旧故事应当让位于合一与联结的新故事了——联结内与外；联结自然与人类。在新故事里，冥想与行动、直觉与理性、左与右是相互补充的。我们应该拥抱新故事里的整体化模式，于内在世界培养慈悲，于外在世界保护环境。

人类的傲慢，以及阶级、身份、信仰和民族的种种对立带来了人与人之间的分裂与二元对立，我们要治愈分裂与二元对立所带来的历史创伤。我们必须用无条件的、无限制的爱来疗愈人与人之间的冲突，疗愈与人与世界的冲突。

让我们超越分裂，拥抱生命的一合相，欢庆多样性的"合一"——这并不意味着每个人都要相同，而是要在生态和文化的多样性中体味万物一体的一合相，当然，这也包括真理、思想和观点的多样性。多样性正是由进化促成的。自宇宙大爆炸以来，进化在这亿万年里不断地发生，也不断地孕育着多样性。我们应该在多样性这件事上达成共识，不再伤害这个珍贵的地球，不再伤害地球上的人类、动物、森林和水源，并且我们也要珍惜人类自身的多样性，不被身份、语言和信仰分裂人类自身的"合一"。

我们支持人类的权利，同时也要支持自然的权利，要支持一切生命的权利。地球并非一块死的石头，它是大地之母盖亚，一个活着的生命，威廉·布莱克说过，"自然就是想象力本身。"而用莎士比亚的话来说，"树长了舌头。"是的，树会说话，而我们也可以倾听。莎士比亚还写道："溪流犹如翻动之书页……冥石暗藏无言之启示。"没错，我们要学会阅读河流与山石，学会聆听自然；这样，即使不去寺庙或教堂，也能收获关于和平、耐心、适应力和自愈力的一切开示。

我们不再用实用性来衡量自然的价值，而是认识到自然和地球的本质价值——自然本身就是生命源泉，人类要学会与自然、地球以及万物生灵和谐共存。即使我们暂时无法达到绝对的和谐，我们也要朝着这个理想不懈努力。

我们或许会被称作理想主义者，但那些现实主义者们又实现了什么呢？气候危机可不是理想主义者们制造出来的，反倒是一些现实主义者的行为引发了气候变暖，生物多样性锐减，水、空气和土壤被污染等问题。由于这些所谓现实主义者们的贪婪，战争和其他人类悲剧在全球范围内迅速蔓延。现实主义者们已经统治这个世界太久了，这里被搞得一团糟，是时候给理想主义者们一个机会了。我们是这个时代温柔的英雄，我们为地球和人类所做的一切，全部基于爱。

♡22

爱的四种障碍

爱是超越了理性的习惯。

——E.E. 卡明斯

爱和疑虑是此消彼长的。去爱，意味着我要全心全意地相信我自己，也相信我爱的人。托尔斯泰说过，"爱上一个人，你爱的是他本身，而不是因为你所期望的样子。"当我们希望对方按照我们的期待去思考、说话和行动时，爱的四种障碍便产生了。一旦对方不符合我们的期待，我们便会陷入批判（Criticizing）、抱怨（Complaining）、控制（Controlling）和比较（Comparing）之中。

这四个"C"就是爱的毁灭性障碍。

批判

当我们评判他人时，心态是高高在上的，我们实际上是在表达："我是对的，你是错的。我认为只有一种方法，那就是我的方法，我要你按照我的方法行事。"这其实就是傲慢，爱与傲慢是完全相反、水火不容的两极。爱，源于谦逊。

爱不是一种束缚，爱是结合与归属，但也并非两个灵魂简单的合并。在爱的算法里，1+1可以是11而不是2。在艰难莫测的生命奇旅中，爱是对陪伴的承诺，而与之相反的批判则是疑虑的结果——我们不相信他人能做对。请允许爱的光亮进入我们的灵魂吧，让光驱散疑虑的阴霾！爱之神，只居住在信任的神殿里。

现代教育系统培养我们无时无刻都保持批判精神。我们接受了规训，认为质疑总是好的。许多教育体系将笛卡尔式的怀疑论作为基础，甚至将它捧上神坛；但我却认为，批判式思维和怀疑论在哲学和学术领域是有用的，当我们来到爱、友谊和人际关系的领域，就应该用欣赏来替代批判了。我们应该在心中供养信任，而非疑虑。人与人之间的联结和爱，都是从心灵的土壤中生长出来的，爱，要靠信任的甘露来滋养。

如果存在疑虑，我们将无法体会深刻的、持久的关系，疑虑让我们无法做出长久的承诺。况且，我们不仅需要在情爱关系中放下疑虑，也同样需要在工作中放下疑虑。我们必须对热爱做出承诺，无论沉浮，无论艰难险阻，无论有多少危机和不确定性，坚定不移地追寻自己的道路，不批判自己的希望与梦想。

无论我们喜欢的是园艺还是烹饪、跳舞还是唱歌、耕种还是制造，我们都必须放下对失败的恐惧，放下对成功的期许，只要相信自己，遵从本心便好，这正是爱的方式。

抱怨

当我们在抱怨时，我们也同时在指责。我们在对别人说："你不够谨慎，你的行为低于某个特定的标准。"我们抱怨别人那些不负责任、令人讨厌的行为，但抱怨是具有攻击性的，攻击性让人变成一把剪刀，随时准备撕碎对方的心。

爱与期待无关，爱意味着无条件地接纳对方本来的样子，我们每个人都是独一无二的，这一点多好啊，爱的太阳在多

元化的黎明升起，让万千花朵绽放，爱宣称："差异万岁！"（Vive la différence）

抱怨源于接纳的匮乏和信任的缺失，因为抱怨与疑虑是一对儿。

当然，并非所有抱怨都是不必要的，我们也应该给抱怨留出一点空间。有些情况下我们有权抱怨、反对和抗议，比如反对社会不公、环境堕落、种族歧视、军备竞赛，以及其他类似的浪费、污染和暴力。但即使在抱怨的时候，我们也不能心怀怨恨，不能去攻击那些支持了不公正秩序的人。我们要支持真理、正直和美，但我们心中必须保持爱和慈悲，并原谅那些因为无知而让社会不公正长久存在的人。

甘地反抗殖民主义和帝国主义，他在这么做的时候，心中是怀着爱的。他对那些殖民地的统治者们也心怀悲悯。同样，马丁·路德·金也是爱的化身，他原谅那些给非裔美国人带来折磨和创伤的种族主义者，他用爱的力量战胜了美国的种族主义和白人至上主义。怀着善意去反抗是很艰难的任务，但这么做是值得的。

当然，在某个社会与政治背景下的智慧举动，未必能够套用到亲密关系中。我们在与朋友和家人、同事和伙伴们互动时，应该坚持用爱的方式，而非用抱怨的方式。人人都会犯错，犯错是完全正常的自然之事，成长的唯一方法是在错误之中学习，学无止境。

在爱之光的照耀下，我们才能迅速从抱怨转向慈悲。

控制

想要控制他人的欲望也是与爱相悖的，当我想要控制另一个人的时候，就已经把自己放在一个优越地位上了，也就是"小我"（ego）的位置。"小我"是爱的敌人。我们如果想要学会爱，就必须从"小我"转向"生态"（eco）。我们知道"eco"一词源自希腊语，意思是一幢房子和里面的家庭成员——当沉浸于爱时，我们是放松而自在的，是"无我"的，我回家了。

一个温暖有爱的家庭里有真实的、亲密互惠的氛围，没有人是次等的，没有人是优越的，彼此之间平等互助。在家庭里，我们体验母爱、父爱、兄弟之爱、姐妹之爱、浪漫之爱、情欲之爱、饮食之爱。爱体现在关怀与分享中，理想的家是一个没有控制的地方！

爱不是执着，爱是自由，我们在爱里真实地活着，不再企图去控制别人的生活。

当我们想要去控制别人的时候，我们是不相信对方的自我管理能力的。控制别人的冲动相当于在否认对方的天赋，不愿承认其实每个人都有圆满的自性与想象力。

控制真正的建设性用途在于自我控制（自控力），我们应该控制住自己的愤怒、贪婪以及种种小我私欲。这样的自控力可以让我们避免冲突、对抗和战争。如果我们将控制欲转化为和解，在生活中，在与人相处时，我们便能有更多的共情和理解，我们也能在慷慨的花园中生长，体会那种深刻的感激与慈悲，在爱的海洋中畅游。

比较

当我们将一个人与另一个人进行比较，我们就掉进了二元对立的陷阱。我们被好与坏，对与错的概念所束缚。正如苏菲派诗人鲁米所说："远在是非对错之外，还有一片所在，我将在那里与你相遇。"在那个情谊与仁爱之地，无条件的爱将超越比较的暴戾，我们可以乘着智慧的翅膀飞翔，万物各得其所，安于其位。

一棵树对人类一视同仁，不论圣人或罪人，它都给予凉荫的庇佑和芬芳的果实。树木爱众生，无论穷富、愚智；人或野兽、鸟或黄蜂，它从不比较。让我们向一棵树学习如何去爱吧。

每个人都是独一无二的，每个人的生命都是宇宙赐予的特殊礼物。在爱的时候，我们珍视并赞颂我们所爱之人的内在本质与尊严，而不将他与任何人进行比较，每一个生命的本质都值得被尊重。

我们要明白拥有一个"爱人"和成为一个"爱人"的区别，如果我们期望得到一个爱人，我们就很可能将某个人与另一个人进行比较，但是如果我们自己想要成为一个爱人，我们就可以超越比较。学术需要比较和对比，爱人却只是需要去接纳，去心悦。每一个真挚的吻都有它独特的狂喜，世间没有哪两个吻是可以被比较的。

去除"爱的四种障碍"的冥想

愿我远离批判、抱怨、控制和比较，

愿我修习慈悲、抚慰、调解和沟通，

愿我培养善意与关怀，

愿我学会欣赏和赞美他人，

感恩每天收到的美好礼物。

♡23

行走

行走吧，就像你的脚在亲吻大地。

——一行禅师

行走是行动的一种隐喻，当我们"为行走而行走"（walk the walk），便已将理想与现实结合在一起，并将规则引入实践。

步行精神与亚里士多德学派之间有着种种隐秘的关联，尼采也曾说过："不要相信一位不曾经历行走考验的哲学家。"想象一下那些神圣的地方，比如供神学家漫步的修道院庭院和环绕四周的回廊、比如城镇教堂与大教堂周边的开阔地带。这些地方不仅可供人散步，还可以让大家冥想信仰的神圣与存在的形而上学。世界各地的朝胜者们，一步步用脚丈量旅程，走向心中的圣地。在喜马拉雅地区，朝圣者们在圣山脚下转山。在神圣河流的交汇处，在先知、诗人和神秘主义者的故居，也都有朝圣者们的身影。对于朝圣者而言,行走这种行为本身所具备的意义,并不亚于最终的目的地。行走是一种充满灵性的行为,可帮助我们完成自我转化,自我进化,自我实现。

环保倡议者与社会活动家通过行走来抗议污染、剥削及社会不公,比如甘地的"食盐长征",马丁·路德·金的华盛顿游行,既是抗议,也都是灵性的觉醒。成千上万的人一起徒步行走,以抵抗殖民统治、种族歧视、性别歧视和军国主义,表达对被侮辱和被损害的人的支持。不同年龄、国籍和政治信仰的文化创作者们用徒步来宣扬他们对可持续、灵性、公正、和平、自由、人类权益和地球权益的支持。

我的导师维诺巴·巴韦曾用十五年时间走遍印度,在这十万英里(约16万千米)的徒步中,他试图说服富有的地主,以爱与公正的名义,与没有土地的工人们分享财富。他成功打开了许多地主的心门,最终收到这些富人们所赠送的四百万英亩(约1.7万平方千米)土地,并将土地分发给饱受苦难的贫困民众。维诺巴的徒步行走感动了许多富人,令他们做出慷慨的举动。维诺巴说自己之所以能够一直走下去,也是因为被人们的爱所感动。

我的母亲也是一位伟大的行走者，她曾有过一小片农场，离我们在拉贾斯坦邦的家有大概一小时的步行路程。当时我们家很幸运地拥有一匹马和一头骆驼，但我母亲从来不骑它们，她总是走路去农场。我们家信仰耆那教，教义要求我们尊重动物，不能让它们遭受任何过分的折磨或劳役，如果有人劝我母亲骑马，她只会微笑着说："如果马想骑你，你会是什么感受？"

　　我喜欢陪我母亲走路去农场或者替她跑腿。我们一起走路的时候，母亲就会唱歌、讲故事，她会向我指出一些常常被人忽略的自然奇迹。走路这件事对我母亲而言，既是快乐的源泉，也是爱的行动。

　　对我而言也是如此。我年幼时便已成为耆那教的僧侣。人生中有九年时间，我都是赤脚走路的。在这九年里，我从未坐过汽车、火车、飞机或船，我甚至连自行车都不用。因为走路，我的双脚变得宽阔而坚实，我在沙土和石头上行走，无论寒暑，也从不穿袜子，凉鞋或别的什么鞋。但在我的意识中，我仿佛一直走在玫瑰花瓣上面。我的上师曾对我说："要修习对地球的感恩之情，是地球承载着你，让你可以在它上面行走。"他用这种方式教会我理解地球的灵性。人类对地球是如此的糟糕，开垦它、践踏它、在它身上打洞，但地球还是一次又一次原谅了人类，它是如此慷慨，你种下一颗种子，它便回报你一千颗种子。就让我们冥想对地球的无条件之爱吧，我们要向地球学习慈悲、慷慨和宽恕，并在人生中践行下去。

后来，我还是离开了戒律严苛的耆那教，但从未放弃对行走的爱。1962 年，我与朋友梅农（E.P. Menon）一同踏上了一场"和平朝圣"，我们从新德里走到莫斯科，再走到巴黎，然后是伦敦、华盛顿，我们身无分文地走了 8 000 英里（约 12 875 千米）。我想说，无论我们的徒步行走是否有为这个世界带来和平，但在我的内心已然真真切切地收获了和平：我学会了相信自己，相信陌生人，相信这个世界；我获得了自信和适应能力，学会了放下对未知、未计划、未确定之事的恐惧；我学会了平等地去爱山川、森林和沙漠；我平静地欣赏狂风和细雨、霜雪和阳光，我用幽默来接纳一切敌意和友好；我学会了不再期待，而是去接纳到来我身边的一切，明白只要没有期待，就没有失望。行走对于我来说已经成为一种自我实现的途径，而如今，走路对我来说不仅仅是从一处移动到另外一处，它更是一种生活方式，是通向健康，和谐与快乐的道路。

我 50 岁的时候，又在英国进行了一次朝圣之旅，从德文郡走到萨默塞特，再从多塞特郡沿着朝圣者之路走到坎特伯雷。我走过一个个村庄和城镇，沉浸在美丽的英国乡村风景之中，接着我又沿着东海岸来到潮汐圣岛（又名林迪斯法恩），遥想从前在这片海域，凯尔特的圣人们在退潮后的海水中行走、冥想。

我穿越了苏格兰，来到了艾奥纳岛，那是我曾去过最美的地方，然后我又沿着西海岸来到威尔士，接着再一次穿越西南部，路过埃克斯穆尔，最后回到哈特兰。那是一次长达四个月的神圣旅程，一共走了 2 000 英里（约 3 219 千米）。我在旅途中收获了许许多多来自不同背景的人们的友善。这次我依然没有带任何钱财在身上，但是遇到了许多来自普通人的纯粹的慷慨，以及种种善意创造的奇迹。那是我与他们的初次相遇；那些慷慨的人，或许此生也不会再见了。

我如今已经八十多岁了，得益于长期徒步行走的习惯，我并不缺少能量、活力和热情。我的免疫系统十分强健，也从不服用任何抗生素，唯一一次住院，是因为意外骨折。

人们问我健康和活力的秘密，我的答案十分简单：我喜欢走路。走路对我的身体、思想和心灵都非常有益。我每天都会走上一小时，如果不能，我也会在饭后散散步。走路可以助消化，让头脑清醒，让心情平静。我愿意无限赞美走路这件事。我喜欢流动和变化，而不是固定在某一个地方。

我常常想起约翰·缪尔（John Muir）的话："在大自然中的每一次徒步，我们所收获的远远超过一次探寻本身。"徒步的过程中，心中会升起一种对自然世界的深刻感知。我们会因此爱上大自然，这份爱也会让我们更真切地体会大自然，会想要更深入地去关怀大自然。我们赞美大自然，并采取行动来保护她，这便是学习深层生态学的过程。我在地球上行走，我也为地球而行走。

边走路边冥想，是一种伟大的修行方法。对于那些想要保护地球的人来说，走路是最便捷的低碳环保出行方式。我们可以走路去上班、走路去购物、走路去上学、走路去教堂。如果有人说，他没时间走路，那我想提醒他：时间是不会匮乏的，我们用小时、日、周和月来衡量时间，也仅仅是为了方便，而实际上，时间是无限的。

♡24

食物和花园

从你建花园那一天起，人生才算真正开始。

——一句中国谚语

曾经，我的母亲有一个 5 英亩（约 4 047 平方米）地的小农场，她叫它"爱的花园"。她在里面种香瓜、小米、金扁豆、芝麻以及各种绿色蔬菜。我在上篇已经提到，她很喜欢带着我来这个小农场。我在农场花园里帮她播种、浇水、收割作物。

她也是一位很棒的厨师，她常说："食物既是药也是营养。"她鼓励我和她一起做饭。她做印度麦饼（一种未发酵的饼），做金扁豆咖喱，加入蔬菜，生姜、姜黄、香菜、孜然和小豆蔻，从那时起，我便学会了享受园艺和烹饪。我曾在北印度菩提伽耶的甘地精舍住过一段时间，精舍的口号是："凡是吃下食物的人，也必须参与种植的过程，而种植的人也应该拥有足够的食物。"甘地对待食物的原则是：食物与人口的差距越小越好，如果食物是源于自家花园或来自当地农场的，那便是新鲜的，好的；如果食物被包在塑料里运送了较长距离，那就会失去原有的新鲜和营养。总而言之，我们的思维应该全球化，但饮食应该本土在地化。

1982 年，我在英国的哈特兰建了一所小学校。开学第一天，孩子、家长和老师们聚在一起，我告诉大家我们学校与其他学校有何不同："在校的每一天，孩子们都要和老师们一起准备自己的午餐，说感谢的话语，然后一同享受食物。"这么做的目的很简单——既然我们做的是"食物教育"，那当然不能提供糟糕的餐食，如果我们连让自己吃什么都搞不清楚，那又怎么学习达尔文和莎士比亚，研究科技和历史呢？所以学习如何种植、如何烹饪、如何进食，在教育中就像学习读写一样重要。

现在许多学校的餐食都是由远程供应链提供的，那些食物一般都很难吃，会被大量扔弃。冷链食品造成的结果就是孩子们不得不去买糖盐超标的垃圾食品，这些垃圾食品也许会好吃一点，却毫无营养，甚至会对孩子们造成伤害，导致肥胖，学习和记忆障碍，甚至抑郁。世界上很多年轻人虽然拿到了本科、硕士甚至博士的毕业证书，但他们却不懂得如何去准备一餐合适的饭菜。很多学校里都有游泳池、体育馆和实验室，却唯独没有可使用的花园和厨房，无法让老师和学生们在一起烹饪食物。我认为所有学校都应该有花园和厨房。优质的饮食是一切美好生活的基础，我们凭什么不重视呢？

1991 年，我为成年人开办了舒马赫学院，延续了同样的理念。我邀请所有学生和参与者们到花园和厨房里来，鼓励他们尝试种植和烹饪。这么做并不耽误上课的时间，因为从事园艺和烹饪活动，本身就是在上课。

舒马赫学院的花园是真正意义上的"爱的花园"，我本人最激赏的一个课程是花园里的"农人课程"，它让学生们在六个月的深度园艺训练中，学习可再生农业与园艺，并亲身验证这一点——可续耕种涵盖了无限丰富的可操作性，而且并不需要牺牲半点意义和爱。学生们的可续种植同时也为学院提供了健康美味的食物。不要小看一座花园的生产力，举个例子，光是我们的 15 位农人，一年下来就能通过 7 英亩

（约 2.8 万平方米）地在学院厨房为学院省下 20 000 英镑（约 177 822 元）的开支，他们在种植食物的时候是怀着爱心、热情和快乐的，是优秀的榜样。

工业化耕种、工厂式农场、商品肉类、农产品业产生了全球 25%～30% 的碳排放，导致温室效应及气候变暖。现代化、全球化的食物种植所带来的水电耗量是惊人的，这样的农业模式对土壤的损耗和侵蚀也是难以估算的。工业化农业破坏了自然环境，带来了灾难性后果，而生产出来的食物却缺少好的质量。可即使生产及消费工业化食物让人类健康每况愈下，人类依然没有在错误的道路上止步，似乎觉得没有别的选择。

当然，全世界还是有许多人想要遵循可再生耕种法则来种植食物的，生态农业应该将这些人的力量凝聚起来。一个理想的办法是：用融入了生物多样性原则的种植，来替代工业化、大规模的单一作物种植、取代肉类工业。我们有必要推广一项生态农业的原则：将树木、谷物、鲜花、水果和蔬菜相间地种植，利用生物多样性来促进土壤的肥沃和作物的适应力。

今天这种工业化、机械化的耕种模式让人们与土壤失去了连接，而通过生态农业，我们可以重新与土壤，与我们的根源相连。当然，还是会有人质疑这样的可续农业能否生产出足量的食物，来养活这世界不断增长的人口。这类想法其实源于一种错误的认知，那就是：人们不需要参与植物种植的过程，植物也能长出来。现实生活中，每个人都需要食物，却只有少数人才愿意了解和参与粮食的种植过程。人们希望让机械、计算机和机器人来廉价地生产作物，再分销到世界各地。这种模式已经造成了过量的碳排放，并且会继续污染大气，继而引发这个时代的环境灾难。如果我们希望更多人可以吃好的食物，我们之中就应该有更多人参与到生产食物的过程中去——为什么不这样做呢？毕竟，食物就是生命，食物是如此神圣。

为了应对气候混乱所带来的危机，并支持可再生、可持续的食物生产系统，我们需要为种植工作重塑尊严。耕种土地、生产食物本就是一项高尚的使命，一份值得尊敬的职业。食物不仅仅是可供交易的商品，更是生命的源泉，是地球赐予我们的神圣礼物。无论是作为园艺师还是作为种植者的农人，在田间工作，都是对身心灵极有益处的。

舒马赫学院的健康餐食都是素食，因为我们相信对动物的慈悲心是一个重要的基础——在此基础之上，人们才有可能在心中培养出对人类及对一切生灵的慈悲。况且，一英亩（约4 046平方米）地可以养活一个素食者，而五英亩（约2万平方米）地才能养活一个肉食者。越来越多的工业农场和屠宰场在囚禁动物，并大量消耗水资源。那些被圈禁和虐待的动物，一生连阳光都看不到。最后，这些不快乐的动物，又被人类麻木地吃下。如果一个人吃的都是不快乐的动物，那他自己又怎么可能快乐呢？我对食肉者们的建议就是：尽量少吃肉。如果一定要吃肉，那就吃散养动物的肉，至少那些动物在农场里享受过快乐的生活。当然，一个肉食者若愿意转化为素食者，就再好不过了。用好的方式烹饪的素食，是新鲜美味的。习惯吃美味的有机素食的人，并不会再想念肉食。

我曾受邀到一所小学讲授环境议题。我做完一番演讲后，和一个好奇的小学生进行了一番有趣的对话。他问我："你最喜欢的动物是什么？"我回答说："喜欢大象。"小学生于是又问为什么，我解释说："大象长得又庞大又健壮，而它却是吃素的动物。大象向我们展示了，若想长得高大健壮，其实并不需要摄入肉类。"小学生受到了启发，接着问："那你第二喜欢的动物是什么？"我回答说，是马。孩子想知道我为何喜欢马，我答道："马是如此充满力量，以至于我们管机器的动力都叫'马力'，但马也是素食者。"

"从现在开始我也要成为一个素食者！"小学生向我回应道，听语气，他仿佛已经感觉自己变得高大健壮了一些。

"不吃肉就没有力气"的想法纯属迷信。两千年来耆那教对于吃素都有着严格的规定。我的家人信仰耆那教，长期吃素，也都健康地活到了八九十岁。

我们食用的蔬食最好都是有机的。农业化学剂一般需要用到采自地下几千米的原油，而开采石油的过程本身也会造成环境污染和温室效应。如果植物是用农药化肥种的，收割之后又被长距离运输，那么这个过程造成的石油消耗和环境污染就降低了素食本身所带来的好处。所以，我们要学会尊重一种整体性原则：一切好的食物应是本土在地的、素的、有机的。

永远也不要想着去吃孟山都（Monsanto Company）等跨国集团制造出来的转基因食物。植物的种子已经在地球上进化了几千年，以适应土壤、气候和环境。转基因的种子却是在实验室里被快速开发出来的。农业综合企业为了巨大的商业利益设计这些"商业种子"，却丝毫不顾及环境和人类健康将要为此付出的代价。

对于传统的种植者来说，种子是神圣的，它是生命的源头。每个农民都自有一套保存种子的办法。但是孟山都及类似的企业却将种子视为盈利的商品，并为了利润售卖种子，最终逼得广大农民不得不依赖这些跨国集团。转基因种子也是霸权主义的、反民主的，他们夺走了农民保存种子的权利，只留给农民一个幻想：转基因的种子会长出更大的作物。但事实是，相比于自然作物，转基因作物的确可以长得更大，但作物的营养价值却流失减少了。人类的最佳选择是：吃有营养的食物，不过量进食，而非大量食用转基因的、不健康的食物。

让我们用在地化的、充满爱心的方式来种植我们的天然食物吧。让我们的食物以素食、有机、非转基因为基调。让我们有节制地，有觉知地进食，并与亲朋好友一起分享美味。每当我与他人分享食物时，我也在表达对他们的爱，而在表达爱意这件事上，一顿美味的饭菜，往往比语言更有力量。

25
简朴

天下大事必作于细。

——老子

对简朴生活的爱，决定了可持续发展、灵性、社会和谐与和平。

耆那教的第一要义是"非暴力"（ahimsa），而"不役于物"（aparigraha）法则仅次于第一条。"不役于物"是个很美丽的词，它意味着摆脱物欲所带来的束缚，是一种生态准则，意味着减少消费，将占有的物质缩减到最少。如果我们拥有三四件衬衫就挺方便的，又何必占有十件二十件呢？毕竟我们一次也只能穿一件衬衫呀！我们又何必囤积一柜子的鞋呢？几双鞋本就够穿。那些我们在生活中过量囤积的物件，我们是真的需要吗？耆那教的教义是，物质是用来满足生活所需的，却并非是用来满足人性贪婪的。修习"不役于物"，可以将一个人从占有过多物质所带来的负担、忧虑和焦虑中解放出来。

这种不囤积的思想恰恰是现代经济的反面，后者的主导思想是让生产最大化，让消费最大化。在这个时代，即便是重要的节日，比如圣诞节、复活节，购物与消费的主导地位甚至也超过了节日与庆典本身，人们反过来被买和卖的行为所消费，没有太多时间留给灵性滋养。忙于物质的人们根本不留时间给自己，也没机会进行艺术和手工创作。

消费主义扰乱了我们的家庭生活和工作空间。我们的衣橱里塞满了从未穿过的衣服和鞋，橱柜里也都是我们以为"有朝一日"才会用到的厨具，我们的书桌上日复一日堆积纸张、文件和书……我们已经习惯了囤积，当我们环视自家的阁楼、卧室、衣柜，会发现杂物无处不在。

这不仅仅是一个浪费空间的问题。一切物质都是有来源的——源于这个地球，源于自然界。人类不断进行大规模的开采、生产、销售和消费，其后果就是全球范围内的浪费和污染。如果我们真的热爱大自然，真的想严肃对待可续发展，那我们就必须改变囤积非必需品的恶习，让我们的家和工作空间保持通畅，并学习简朴的生活艺术。

假设这世上的几十亿人口都像欧洲人和美国人那样囤积和消费、浪费和污染，我们将需要三个地球，甚至还不够。而事实是，我们只有一个地球。我们只有温柔地对待地球，过简朴的生活，才能保证人类可以继续在这里生活下去。

我们所囤积的物品基本都是在劳动力廉价的国家，以廉价的方式生产出来的，比如中国和孟加拉国。人们买下这些东西，很快又厌倦丢弃，塞满垃圾场。与之相反，简朴的生活哲学会确保每一件物品都是精巧的，是美的。就像我在前面说过的，我们所拥有的一切都应该是美的、实用的、长久的。

我母亲曾说过："我们拥有的物品，要少而美，这样你就可以珍惜它们，并怀着欣赏之情，好好使用它们。"这样的传统智慧曾是普遍的常识，可现在却被人们遗忘。

灵性修习的一个关键点，在于热爱简朴的生活。为了我们身心灵的健康，我们需要一定的宁静时间来冥想、练习瑜伽或太极、阅读诗歌或灵性书籍……舒适自在的独处时光是很重要的。

　　但是为了赚钱购买那些鸡毛蒜皮的东西，人们不得不长时间地工作，辛苦地工作，然后又把剩下的时间用来购物，花掉辛苦挣得的钱。最终，人们也几乎没有时间来享受这些囤积的物质，于是只能抱怨，抱怨没有自己的时间，无法关注精神健康和从事创造性的活动，没空阅读诗歌或写诗，没空画画或者做园艺，没空听音乐和散步。

　　一个堆满杂物的房间也会让思想堆满杂念。如果我们可以简单地生活，就不再需要那么多金钱，也不需要为了赚钱而从事辛苦无聊的工作。我们可以获得解脱，追寻灵性的圆满。我们可以将注意力放在个人的健康上，放在创造性的活动上，并真正地把时间用在友谊和爱上。这是一种此消彼长的美丽转化：物质最小化却带来了灵性修习和生态平衡的最大化。

　　简朴的生活方式可以减少社会的不公。假如一些人拥有了太多，那么另一些人就会不可避免地拥有太少。我们如果能过简朴的生活，就能让更多人得以生存。有些人渴望奢华的生活，想要不止一间房子，不止一辆车，不止一台电脑，他们想要很多很多。消费的不平等体现了一种社会的不公，会引发嫉妒和社会混乱。我认识一些生活极度奢华的人，他们并不比那些生活简朴的人更快乐。幸福并不取决于一个人所拥有的物质，幸福来自心灵的满足。知足者常乐，而不知足者永远都是不满足的。

我说的简朴，指的不是潦倒落魄的、自我惩罚式的、艰难困苦的生活。我相信生活的美好和品质感，相信艺术和手工，相信满足感，相信快乐和趣味。比起简朴，我其实更看重优雅，我也认为，简朴的生活应该伴随一种天然的优雅。我们都值得一种舒适愉快的生活。可惜现今的生活太过复杂，远离了舒心自在。我们为了所谓的便捷，牺牲了舒适，对便捷的追求，也让我们误入歧途，我们原本拥有的很多自在感，都被便捷挤兑掉了。

如果我们拥有很多财富，我们可以用来做慈善，来关怀地球和地球上的人们。热爱简朴生活，意味着专注、清醒和觉知。舒马赫曾说过："任何一个蠢人都能把事情搞复杂，天才的任务却是把事情变简单。"我们每个人心里都有那样一个天才，唯一要做的就是静静聆听内心的声音。唯有通过简朴的生活，我们才能够发现那个天才。

追求奢侈的经济模式会导致战争，追求简朴的经济模式会带来和平。如果人类一直寻求更高的生活水平和更快的经济增长，那么自然资源将逐渐枯竭，人类不得不发动战争，抢夺石油、土地和其他自然资源。

从列夫·托尔斯泰到圣雄甘地，所有的社会改革者和作家都在告诉人类，通往和平之路正是"简朴的生活方式"。托尔斯泰在他的伟大著作《战争与和平》中写道："没有简朴，良善与真理的地方，是不可能有伟大存在的。"

26

理性与科学

你若坠入爱河，又怎能责怪地心引力？

——阿尔伯特·爱因斯坦

人类正走在一条道路上：从分离走向联结，从欲望走向爱，从二元对立走向合一。我们这个时代占主导性的一种二元对立是：科技与灵性的对立，理性与爱的对立。从纯粹理性时代开始，我们的教育系统就在努力确定一种信念，那就是科技必须与灵性分离，而灵性必须与科技毫无瓜葛。换言之，理性必须统治世界，而爱只能下沉到个人领域。

在过去的一百多年里，全世界有无数的毕业生从大学毕业，而他们学到的信念则是：灵性要么无关紧要，要么只和个人生活有关。在这股潮流中，一些不愿将科学与灵性、将爱与理性对立起来的学者，反而一直被学术界忽视。

杰出的德国诗人和科学家歌德以一种深刻的科学精神来工作，在他的两本书《植物变形计》（*Metamorphosis of Plants*）和《色彩理论》（*Theory of Colors*）中，他挑战了科学界狭隘的线性观念，以一种对于自然的现象式理解，阐明了一种更具有关联性、循环性和整体性的科学观点。可惜歌德这些具有灵性与理想主义色彩的科学理论，长期以来都被大学里的理科生们所忽略。人们习惯将歌德尊为一位伟大诗人，却忘记了，他也是一位自然科学家。

相似的情况还有莱昂纳多·达·芬奇，当他被提起时，常常是作为一个伟大的艺术家，而非一个具有影响力的科学家。实际上，达·芬奇关心的是生命的丰富形态，他不仅仅从量的角度看待科学，更从质的角度研究科学。当代科学中的综合化、系统化思维也能在达·芬奇的作品中找到根源。当我们从质的角度看待科学时，灵性就会成为一个关键。

阿尔伯特·爱因斯坦也是一位灵性科学家。他曾说过："每一位具有严肃科学追求的人都相信，宇宙法则中存在着一种高于人类的精神，在这种精神面前，力量微薄的人类唯有谦卑。"爱因斯坦尊重人类体验的宗教维度，宣称："没有宗教的科学是盲目的，没有科学的宗教是跛脚的。"是的，他所讨论的并非有组织的宗教，而是在讨论一种信仰体验，一种超越了度量尺度和僵化教条的灵性体验。

灵性与科学的联结，爱与理性的联结，能将意义与测度连接在一起。原本这两者就是不可拆散、不可分割的。隐秘的奇迹和人心的好奇、直觉、灵感，在经验主义知识产生之前早已存在。经验主义知识来自实验、迹象和证据，导向科学假设与理论。一些物质主义的科学家会有意忽略掉潜意识中的直觉和灵感，这何尝不是一种损失。

灵性（spirit）一词，本意是呼吸或风。虽然我们无法看到、触摸和度量风，但是我们可以感受它。树枝会被风吹动，而人则会被灵性感动。呼吸和风，都是一种隐秘而微妙的力量，催动万物生长。看得见的有形世界是被看不见的无形世界所支持着的，外在的物质现实是由内在的力量、内在的灵性本质所凝聚的，承认前者而否定后者，就好比希望鸟用一只翅膀飞行。

圆满的实相永远由两个互相关联的面向组成，中国人管它叫阴和阳的和谐，而印度人则管它叫湿婆（Shiva，男性能量）与沙克提（Shakti，女性能量）之间的平衡。正与负；亮与暗；沉默与表达；空与满；灵性与物质；未显化的与已显化的，都只是同一个实相的两面。

科学与灵性的结合是具有现实意义的。失去了灵性的科学很容易丢失伦理。比如缺少了灵性引导的科学家们，会参与原子弹和其他战争武器的研发，加入基因工程和人工智能项目，支持那些虐待动物的工业化农场，以及各种会造成浪费污染并毁灭生态的科技。缺少灵性价值引导的科技，已造成了当今世界的诸多问题。科学需要灵性智慧的引导，才能保持正直良善，并不断进化。科学并非天然无害的，一旦丧失灵性智慧，科学就会变得危险，也会变成强势阶层的操控工具。

正如科学需要灵性，灵性也需要科学。若没了科学，灵性很容易迅速沦为盲目的信仰、僵化的教条、宗派主义和原教旨主义。缺少科学精神的人喜欢宣称："我的神才是世间唯一真神，只有我的信仰才是真的，人人都应该转信我的宗教。"这种狭隘的宗教排他思想也很容易导致战争冲突、恐怖主义和分裂。科学有助于帮助我们保持开放的思维，这样我们才能积极寻找真理，并以众生的福祉作为行动的基础。

我们为什么要生活在一种分离的极端状态中呢？要么只能作为物质主义者，抛弃灵性智慧的主观世界；要么只能作为灵性的追求者，诋毁科学发现的客观事实。我们都忘了自己还可以选择，我的建议就是：带着科学思想来拥抱灵性！在我看来，科学与灵性是同一个整体相辅相成的两部分。

科学建立在理性之上，灵性则是以爱为根基。根据著名神经科学家伊恩·麦克基克里斯（Iain McGilchrist）的理论，我们的大脑由两个部分组成：左脑分管科学，而右脑分管灵性、直觉和爱。在他的书《主人与他的使者》（*The Master and His Emissary*）中，麦克基克里斯写道，"分管灵性的右脑应该成为主导力量，而分管科学与理性的左脑应该是右脑的使者。左脑与右脑的完美融合才能实现持久的爱。"

但是由于受到目前社会、经济、政治和教育环境的影响，人们倾向于支持左脑思维而压抑右脑。如此一来，使者成了主人，主人反而被囚禁了。

科学与理性是关于理论和测度的，灵性则是关于隐秘的内在真实。科学将世界看成无数分裂的局部，灵性则将世界视作一个整体。科学把地球、自然和甚至人的身心看成机械的运作，灵性则是把这一切看成活泼的生命体。

从一个整体性的、非二元对立的角度来看，我们需要科学和灵性，需要左脑和右脑。既然我们生来就拥有这两项伟大的天赋，我们又何必珍惜一边，而摈弃另一边呢？

让我们来修复教育系统，以及社会、经济和政治环境中的灵性，修复心中的爱、慈悲、人性和共情。同时我们也要允许科学、理性、测度和计算来改善宗教、灵性与情感的世界。

问题是，我们从哪里开始呢？我们如何确保爱与理性、灵性与科学之间不再有裂隙？答案正是教育。我们要从孩子开始教育。无论是在学校还是在家里，我们都要告诉孩子整体的生命蓝图和完整的故事：我们的内在和外在、灵性和物质、爱与理性、心理与头脑，全都是一体的。我们要让爱回归到教育中来。

27
学习

教育不是灌输，而是点燃火焰。

——苏格拉底

现代教育主要提倡让学生们吸收知识和信息。不幸的是，学校只有很少的空间和机会去让学生们体验智慧、灵性和爱。

人们相信孩子都是空的容器，而教师的职责在于尽可能将有用的信息填满这些空的容器；这是对教育的一种误解。教育一词源于拉丁语的"educo"，意思是"引领"或者"引导出来"。也就是说，老师只需要引导出学生本来就有的能力和天赋，唤醒学生的内驱力。教育也意味着，将一些隐藏的东西显化出来。

人们常常将学生比作一颗种子，而种子里本就蕴藏了一棵树。一位园丁、一位果园或森林管理者不用教一颗种子如何变成一棵树。园丁的职责在于提供正确的土壤和生长条件，让种子完成自我实现，长成大树。同理，稚嫩的学生也是拥有内在潜力的种子，只要条件合适，他们有朝一日就会变得成熟，成为应该成为的人。明白这一点，教育者和教育机构的任务便成为为学生提供鼓励、环境和条件，让他们完成自我发现与自我实现。

教育工作不是为了升职加薪这样的个人利益；教育工作不是为了得到一个好的赚钱途径，以购买大房子、好车和其他的物质享受；教育也不是为了满足小我的欲望，比如社会名气、公众地位、他人认可，等等。教育是一种自我发现和自我实现的旅程，服务于人类社会和整个世界。在健康的教育体系中，人类社会的每一位成员都能够从互惠文化中获益，因为我们本来就是相互联结的。

现代教育模式打造出的成年人往往缺少自我调节、自正自均的能力，也缺少无私奉献的勇气。现代教育模式只会训练出求职者和雇员，让他们操纵机器，搬运纸张。甚至农民都不再需要触摸土地和种子，不再需要收割作物和用双手挤奶。

如今大部分制造业都走了相似的道路，让机器取代人类的双手。在这个智能化的时代，各行各业都将面临人工智能取代人力的情况。现代教育不仅造成了人类的无能，也造成了人性的缺失，而教育的真正职责是将信息转化为可用的知识，将经验转化为智慧。为此，我们必须引入实践式的学习方法，我们要调动我们的头脑、心灵和双手来获取知识，并亲身体验那些能够震撼心灵、改变人生的事情。当知识与体验相遇，智慧便会升起。教育的任务并非去创造更多的消费者，而是帮助人类变成创造者，鼓励人类发展自己的技能，成为诗人和艺术家，拓展直觉和想象力。美国记者悉尼·哈里斯（Sydney Harris）说过："教育的目的是让镜子变成窗子。"

　　所以我们应该在学校里建造花园，这样年轻人就有机会学习如何种植食物。我们应该给学生和老师们准备厨房及烹饪工具，这样他们就可以自己制作午餐，吃新鲜的有机蔬食。如此一来，学校里的午餐也会增强老师和学生的归属感和凝聚力。学校应该为学生们提供修习手工艺的条件，因为像陶艺、木工、编织、维修这样的手工活，其重要性并不亚于科技、数学和文学，这是一种实践式的学习方法。有句谚语叫：

"告诉我的，我可能会忘记。教我的，我可能会记得。让我参与的，我一定能学会。"

现在正是觉醒的时候，让我们再度找到教育的意义，让教育真真正正地成为一场自我发现的朝圣之旅。当然，只有当我们准备充分，能够面对不确定性、复杂局面和重重艰难险阻时，这一点才能得以实现。我们在面对困难的时候，应该努力运用想象力去解决它们，而非一味逃避。学生们可以在舒适的教室里获得信息，可以在奢华的图书馆里获取知识，但他们只有在生活的风暴和大自然的神秘中才能获得最真实的体验。

现代科技是一把诱人的双刃剑。它既可以是沟通人类的有效工具，也可能是用于控制的残酷武器。好的科技是人类的仆从，它会被明智地运用，用来改善人与人之间的关系，不会污染环境，不会浪费自然资源。但如果科技变成了人类的统治者，并牺牲掉人类的创造力和生态的平衡，那么我们自己一手创造的科技就变成了诅咒。

有些数字技术方面的龙头企业提议将面对面的线下教学模式转换为一种基于互联网技术的教育体系，通过远程控制，让数字技术完全地、永久地融入教育过程。如此一来，学生与老师之间那种温馨的亲切互动也就被抹除了。

每一个人都是带着独特潜力来到这个世界上的，没有哪两颗种子是一样的，它们注定会长成不同的树，老师真正的工作是观察并发现一个孩子的灵性特质，并怀着关切与共情，充分滋养并提升孩子的灵性。教育理念之美好，在于保持人性的多元化、文化的多元化，以及天赋的多元化。为此我们需要建立去中心化的、民主的、以人为本的、灵性化与个性化的教育系统。试问，电脑和互联网又怎能发掘每个孩子身上的特殊天赋呢？

一个好的学校应该是一个由学习者构成的社群。教育不该由什么远程的权威来预设和操控，而是在学校的学生、老师和家长的共同努力下，不断探索与这个世界联结的正确方式，并学习如何有意义地去过自己的人生。从这个角度来说，教育也是一场即兴的、突破性的探索与发现之旅。

通过数字技术和远程控制来进行教学的在线课程，抹杀了整全教育中的丰富细节，数字教学将孩子视作一模一样的空的容器，等待被外部信息填塞。远程教学的集中控制端执着于僵化的教学成果，他们又能为孩子提供什么高质量的知识信息呢？这种模式教育出来的人，也无非是能操纵金钱机器并为企业提升利润的工具人。

中心化的、去个人化的数字教育系统否定了人的多样性，并将单一的服从性强加于孩子。他们消灭了社群文化，强加以集体文化；他们摧毁了多元化，强加以单一文化。

一台电脑不会教会孩子何为仁慈，只有在一个真实的学习社群中，孩子才能明白如何去爱、如何友善待人、如何共情和悲悯、如何尊重他人。在一个学校社群中，孩子们一同学习、玩耍、欢笑，如果他们足够幸运，还可以一起排练戏剧、表演音乐会、去田野间郊游。通过这些分享的举动，孩子们会对人生产生深刻的感激与欣赏。教育不是机械地获取信息和知识，教育是一种活生生的体验。长时间对着电脑并不会让孩子们学会社会技能，也不能让他们明白生态世界观与灵性价值。

倘若我们将孩子的未来交到像谷歌、微软和亚马逊这样的互联网巨头手上，并且逼迫我们的实体教育系统让位于这些企业，那么只会造成"数字独裁"，最终引来无尽的灾难。

既然民主社会是军事独裁的反面，人们怎么可以欢迎大企业的"数字独裁"呢？互联网巨头可以通过智能技术，追踪和剥削孩子的一举一动。就算这些孩子长大成人，算法和大数据也依然会继续操控他们的生活，我们已经体验了算法、人工智能、生物技术、纳米技术和其他所谓的"高端科技"是如何控制、操纵和削弱人性价值的。那些将人类当作韭菜的科技巨头又如何值得相信？我们怎么可以把孩子的未来交到他们手上呢？

我的建议是，与其将社会资源投入到虚拟科技的开发中，不如将资源真正地用在人类身上。人类应该建设更多的小学校，供养更多的老师，我们应该缩小班级的规模，使用由下至上的、促进想象力的、良性的、合适的科技。我们的孩子不仅仅需要学习自然科学的知识，更需要直接在自然中去感受，他们需要在森林和农场中学习，学习什么是朴门永续的农业；什么是农业生态学和有机园艺；多姿多彩的海洋生物和陆地生物也同样值得孩子们去了解。以上这些生动的知识和技能，并不能通过紧盯电脑来习得。科技应该在教育中占有一席之地，但不能喧宾夺主。我们不能让科技主导我们的生活，更不能让它主导我们下一代的生活。

我们正在走向一个新的时代——生态时代，所以我们要相应地调整教育系统，让它回归到平衡的状态。我们要专注于整全的教育模式，将生态与经济相结合，将爱与理性相结合，将科技与灵性相结合，这样我们才能创造出适合下一代的教育。

♡28
慷慨

你说，"只有值得，我才会给"，

你园子里树木却说，"不是这样"，

你牧场上的羊群也说，"不是这样"，

因为只有给予，才能活，

因为保留即是毁灭。

——哈利勒·纪伯伦

　　慷慨意味着要放下恐惧，不仅给予者要放下恐惧，接收者也同样需要放下恐惧。关于慷慨，我最直接的体验来自那场跨文化、跨大洲的 8 000 英里（约 1.3 万千米）徒步。我的徒步之旅从新德里的甘地墓开始，到华盛顿的约翰肯尼迪墓结束。身无分文的徒步之旅让我别无选择，只能在心中深信那些根本不认识我的陌生人会给我提供食物和住宿。我就这样行走了两年多，日复一日地收获爱与祝福。

在印度与巴基斯坦的边境，我的好朋友克兰蒂来探望我，她给我带来了几包食物。

"你至少带上这些吧，毕竟你这是要进入巴基斯坦了。我们两国还在交战。那边有很多人认为印度是敌人。求你了，至少带上一点食物和一点钱吧，万一你需要呢？"

"我亲爱的朋友呀，我们走朝圣之旅的目的，就是要为仇敌之间带去和平，体验普通人的慷慨。如果我带着食物去巴基斯坦，就等于带着恐惧去巴基斯坦，而恐惧会导致战争，为了和平，我必须笃信。你看，你给我的哪是几包吃的，分明是几包恐惧和不信任呐。"

"可是你要穿越伊斯兰国家，"她哭着说，"你还要穿越基督教国家、共产主义国家、资本主义国家、那些都是陌生的地方，陌生的语言，你还要走很高的山、很大的沙漠、恐怖的森林，还有特别冷的雪地。没有钱和食物，你又怎么活下去呢？我都不知道还能不能再见到你！"

"哪儿的人不是人呢？"我安慰她，"人心之中自有慷慨的一面。再说就算我哪天没吃的，我就干脆把那一天当作辟谷日好了，我会好好享受饥饿的。万一哪天找不到住处，我就去住'星空旅馆'，肯定好过五星级酒店。当然，我主要还是对人充满了信心。我会好好的，快给我祝福和一个拥抱吧！"

惊喜很快便发生了。我和旅伴梅农刚过巴基斯坦边境，就有一位年轻男子突然拦住我们。他自我介绍说，他叫吉兰姆·亚新，问我们："你们是不是在走'和平徒步'的那两个印度人，是不是打算穿越巴基斯坦传播善意？"

"是的，没错，"我回答他，"但你又是怎么知道我们这个和平徒步的呢？我们还一个巴基斯坦人都不认识，我们也没有通知过任何人，而你却出现在这里。"

"你们的故事跑得比你们快。当我听说你们的时候就在想，'好吧，我也正好是支持和平的，我要向你们表达我的友善。'所以我就来迎接你们啦，欢迎来到巴基斯坦！"

我们这才刚刚跨进巴基斯坦，就体验了当地人的慷慨与真诚，得到了陌生人的欢迎。吉兰姆·亚辛告诉我们，他住在拉合尔，离此地 16 英里（约 25 千米）。他可以开车载我们去他家，我们作为客人，想在他家待多久都可以。

尽管天气酷热，但我们还是谢绝了他的好意，并坚持走路去拉合尔。他试图改变我们的想法，但我们解释说，我们已经向自己承诺过，整个旅途都必须用双脚走路。我们向他保证，一定会在当晚与他在约好的地点会合，他这才让步。

于是我们徒步去拉合尔。我对梅农说："如果我们作为印度人来到这里，我们会遇到巴基斯坦人；如果我们作为印度教徒来到这里，我们会遇到穆斯林；但如果我们作为人来到这里，那我们只会遇到人。这次朝圣之旅，宇宙就是我们的国家，地球就是我们的家园，人道主义就是我们的宗教。"

如约定那样，吉兰姆·亚辛与我们在夏利玛花园的门口碰面。夕阳如同燃烧的火球，在庄严的星期五清真寺（Friday Mosque）后缓缓下落，空气中充满了茉莉花的香气。大自然的慷慨与我们这位新朋友的慷慨融为一体。

我们走向拉合尔的时候，吉兰姆·亚辛正忙着邀请朋友，显然，他想告诉大家，这里来了两位理想主义的印度人，他们正在为和平徒步环游世界。等我们到达时，吉兰姆的家里果然聚集了亲朋好友。尽管亚辛一家并非素食者，但他们却为我们准备了美妙的素食大餐：加了葡萄干、杏仁和小豆蔻的藏红花饭；刚从馕坑中烤出来的新鲜烤馕；用洋葱大蒜番茄汁煮的土豆和豆子，以及更多的美味素食。那一晚，我看着一整桌美食和周围环绕的笑脸，发现我们在踏上所谓敌国的第一天，竟收获了如此多的慷慨和善意。

在接下来的二十八个月的徒步旅程中，我们接连不断地收获来自陌生人的善意关照：在阿富汗的新都库什山上，海拔11 000英尺（约3.35千米）的地方，我们住进陌生人的游牧帐篷；在伊朗的沙漠绿洲，我们住进小村庄里的泥房子；在亚美尼亚和格鲁吉亚，我们住进被白雪覆盖的乡村小屋；在俄罗斯，我们住过温暖的农场村舍，也住过高层公寓。

无论是繁华的城市还是安静的郊区，无论在柏林还是波恩、在巴黎还是伦敦、在纽约还是华盛顿……我们处处都能遇到慷慨的人。一路的人情温暖支撑着我们，让我们忘记冷战的紧张气氛。我们曾在各种地方借宿，有住家、有青年旅舍、有医院、有警察局、有教堂、有学生宿舍。无论我们走到哪儿，都会得到陌生人的善意，而那些给出善意的人根本不图回报，尽管我们知晓今生不会再相见。我也从不期待得到人们的无私给予，我只相信一个基本的法则：信任一定会带来信任，爱一定会带来爱。

　　我们出生时都是赤裸的，也是绝对脆弱的，是仁慈的宇宙让母亲的乳房充满乳汁，让她们心中充满保护和养育孩子的愿望。我们的母亲十月怀胎，最后忍受着巨大的痛苦将我们带到这个世界上来，为我们哺乳，若要证明灵魂的慷慨，还有比这更好的例子吗？一切都是出于爱，每一个母亲都是英雄。对我来说，母爱即是慷慨的同义词，是人性本无私的证明。母爱是一种无条件的爱，我们一定要向自己的母亲表达感激之情，承认她们的慷慨。

　　慷慨并非人类独有的品质，每一天，我都会惊叹大自然的慷慨。三十年前，我曾种下一棵苹果树秧苗。小秧苗最后长成了一棵漂亮的大树，过去的二十五年，它每年都送我几百颗苹果。这棵树从不索要任何回报，我从树木那里学到了什么是无条件的爱，什么是慷慨。不同品种、颜色、香气和形状的植物，包括水果、鲜花、谷物、药草和蔬菜，都是从谦卑的泥土中长出来的，只为无私地滋养我们。实际上，我们每一天都会从自然那里得到很多很多，然而却还有那么多傲慢无知的人类，根本不把自然放在眼里。

让我们意识到自然的慷慨吧，向自然表达我们的感恩之情：感恩树木，感恩土壤，感恩雨露，感恩阳光，感恩自然之母，感恩盖亚女神。

慷慨之广厦，以互惠精神为基石。我在这世界里收获了如此多的爱，来自陌生人的、来自祖先的、来自大自然的，我也愿意慷慨地将爱送给每一位我遇到的陌生人，送给我们的下一代，并尽量为他们留下美好的东西。我希望能够回馈大自然，比如种树、在花园里培土、实验各种可再生种植方式、实践朴门永续和农业生态学……

愿地球上一切生灵都活得健康、和平、圆满、完成自我实现；愿我们在心中培养慷慨的种子，为了整个人类，为了整个星球！

毕加索说过："生命的目的在于给予。"

29

爱的十种方法

倾听而不打断。

分享而不炫耀。

表达而不指责。

享受而不抱怨。

给予而不保留。

信任而不疑虑。

祈祷而不停顿。

宽恕而不惩罚。

回答而不反驳。

承诺而不忘记。

——匿名